もくじ

東京書籍版　国語　2年　準拠

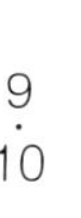

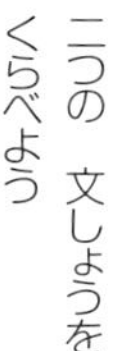

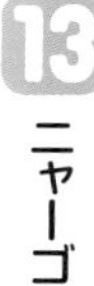

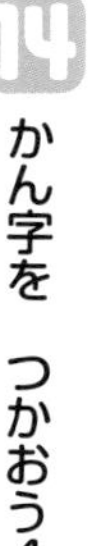

きょうかしょの　ないよう

きょうかしょ 下

きほん 1

風の　ゆうびんやさん

きょうかしょ㊤14～24ページ

月　日

／100てん　10ぷん

1 ——の　かん字の　読みがなを　かきましょう。　一つ8〔88てん〕

(1) 風の　ながれ。（　　）

(2) 元気に　くらす。（　　）

(3) はがきを　読む。（　　）

(4) おかあさんが　言う。（　　）

(5) みどりの　木かげ。（　　）

(6) ぎんいろに　光る。（　　）

(7) 話を　きく。（　　）

(8) 先生と　話す。（　　）

(9) 音読する（　　）

(10) 丸を　つける。（　　）

(11) 声を　出す。（　　）

2 つぎの　ことばの　いみを　ア～ウから　えらんで、きごうで　こたえましょう。　一つ4〔12てん〕

(1) 口ぶえ（　　）　(2) はいたつ（　　）

(3) ふうとう（　　）

ア　手がみなどを　入れる　かみの　ふくろ。

イ　口で　ふえのような　音を　出す　こと。

ウ　ゆうびんなどを　くばって　とどける　こと。

こたえは65ページ

風の　ゆうびんやさん

月　　日

／100てん　10ぷん

1 □に　あてはまる　かん字を　かきましょう。　一つ8〔80てん〕

(1) □（かぜ）が　ふく。
(2) □□（げんき）を　出す。
(3) じゅんばんに　□（よ）む。
(4) こたえを　□（い）う。
(5) □（こ）かげに　いる。
(6) ほたるが　□（ひか）る。
(7) お□（はなし）を　する。
(8) □□（おんどく）の　くふう。
(9) □（まる）を　かく。
(10) たかい　□（こえ）。

2 （　）に　あてはまる　ことばを　ア～エから　えらんで、きごうで　こたえましょう。　一つ5〔20てん〕

(1) うさぎが　（　）　とびはねる。
(2) さかなが　（　）　およぐ。
(3) あねは　（　）　いえを　出た。
(4) かぜが　（　）　ふいた。

ア　ひゅうっと　　イ　ぴょんぴょん
ウ　いそいそと　　エ　すいすい

こたえは65ページ

かん字を　つかおう１

きょうかしょ㊤25ページ

月　　日

／100てん

1 ――の　かん字の　読みがなを　かきましょう。　一つ７〔70てん〕

(1) 花だんの　水やり。（　　）

(2) こん虫さいしゅう（　　）

(3) 一日中　あそぶ。（　　）

(4) 空きばこを　りようする。（　　）

(5) せきを　空ける。（　　）

(6) あかるい　光。（　　）

(7) 日光が　あたる。（　　）

(8) きれいな　小川。（　　）

(9) 上下に　ふる。（　　）

(10) かいだんを　上る。（　　）

2 □に　あてはまる　かん字を　かきましょう。　一つ５〔30てん〕

(1) □（くさ）が　生える。

(2) □（たけ）やぶ

(3) □（いと）でんわ

(4) □（いし）を　ひろう。

(5) □（むし）を　とる。

(6) □（おと）が　きこえる。

こたえは65ページ

かくにん2

きょうかしょ㊤25ページ

かん字を　つかおう1

月　日

10ぷん　／100てん

1 □に　あてはまる　かん字を　かきましょう。　一つ10〔40てん〕

(1) ガラスの□（か）びん。
(2) ちょうの　よう□（ちゅう）。
(3) □□（にっこう）を　あびる。
(4) □□（じょうげ）に　ゆれる。

2 つぎの　読みかたを　する　かん字を　□に　かきましょう。　一つ6〔60てん〕

(1) ① いえを□（あ）ける。　② 青い□（そら）。
(2) ① 川を□（のぼ）る。　② 山の□（うえ）。
(3) ① かごに□（い）れる。　② へやに□（はい）る。
(4) ① 一日□（じゅう）雨だ。　② 水□（ちゅう）メガネ
(5) ① 町を□（で）る。　② 音を□（だ）す。

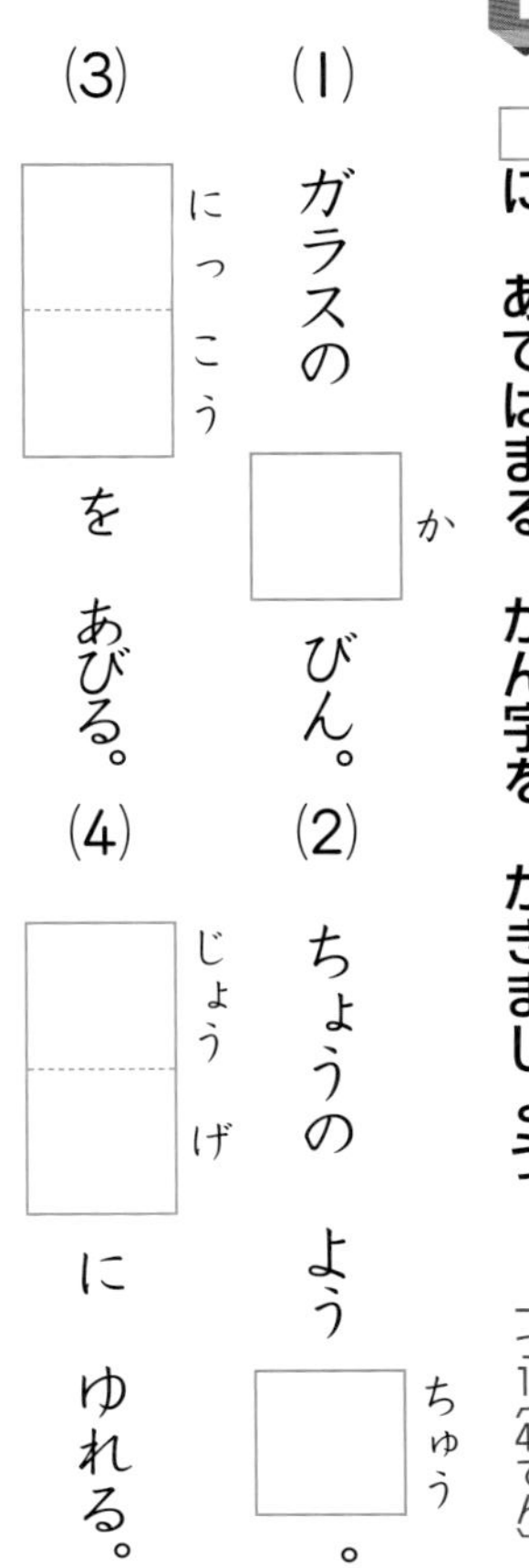

こたえは65ページ

きほん 3

きょうかしょ㊤26～37ページ

としょかんへ 行こう かん字の 書き方 はたらく 人に 話を 聞こう

月　日

10ぷん　／100点

1 ――の かん字の 読みがなを 書きましょう。 一つ5〔80点〕

(1) 学校に 行く。（　）

(2) なかまに 分ける。（　）

(3) 記ろくを つける。（　）

(4) かん字の 書き方。（　）（　）

(5) 文を 作る。（　）

(6) 点を 線で つなぐ。（　）（　）

(7) 画の 数。（　）（　）

(8) ひつじゅんと 画数。（　）

(9) 読書を する。（　）

(10) 話を 聞く。（　）

(11) 何か たべる。（　）

(12) 何の 木ですか。（　）

(13) 文を 考える。（　）

2 つぎの かん字で 一ばん目に 書く ところを、えんぴつで なぞりましょう。 一つ5〔20点〕

(1)  右

(2)  左

(3)  耳

(4)   水

こたえは65ページ

かくにん 3

としょかんへ 行こう かん字の 書き方 はたらく 人に 話を 聞こう

きょうかしょ㊤26〜37ページ

月　日

10ぷん　／100てん

1 □に あてはまる かん字を かきましょう。　一つ7〔70てん〕

(1) 早く □(い)く。
(2) みちが □(わ)かれる。
(3) 日 □(き) を つける。
(4) 名まえを □(か)く。
(5) りょうりを □(つく)る。
(6) □□(てんせん) を なぞる。
(7) かん字の □□(かくすう)。
(8) 音が □(き)こえる。
(9) □(なに) か たりない。
(10) こたえを □(かんが)える。

2 （ ）に あてはまる ことばを ア〜ウから えらんで、きごうで こたえましょう。　一つ10〔30てん〕

(1) 話し方に 気を（　　）。
(2) しつもんを メモに（　　）。
(3) しごとの ことが よく（　　）。

ア つける　イ かく　ウ わかる

こたえは65ページ

きほん 4

たんぽぽ

きょうかしょ㊤38～48ページ

月　日

／100点

1 ――の　かん字の　読みがなを　書きましょう。　一つ8〔80点〕

(1) 夜の　間。（　　）（　　）

(2) 花を　数える。（　　）（　　）

(3) 雨の　日が　多い。（　　）

(4) 本が　少ない。（　　）

(5) わた毛が　ひらく。（　　）

(6) 風が　当たる。（　　）

(7) 時間の　じゅんじょ。（　　）

(8) 時が　たつ。（　　）

(9) 生活科で　ならう。（　　）

2 つぎの　文に　あう　ひらがなを、○○に　書きましょう。　一つ5〔10点〕

(1) まとに　ボールが　当○○。

(2) まとに　ボールを　当○○。

3 時間の　じゅんじょに　なるように（　）に　ばんごうを　書きましょう。　一つ5〔10点〕

（　）夜の　間、ずっと　花は　とじて　います。

（　）夕方に　なると、花は　とじて　しまいます。

こたえは66ページ

かくにん 4 たんぽぽ

きょうかしょ㊤38〜48ページ

月　日

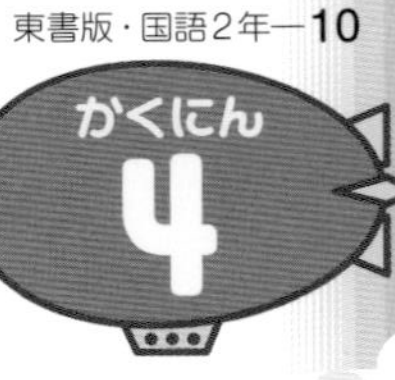

／100点　10ぷん

1 □に　あてはまる　かん字を　書きましょう。　一つ8〔64点〕

(1) □(よる)に　なる。
(2) 休みの　□(あいだ)。
(3) 花が　□(おお)い。
(4) みが　□(すく)ない。
(5) わた□(げ)が　とぶ。
(6) 体に　□(あ)たる。
(7) □□(じかん)が　ない。
(8) □□□(せいかつか)

2 ——の　ことばの　いみを　ア〜ウから　えらんで、記ごうで　こたえましょう。　一つ12〔36点〕

(1) たんぽぽは　じょうぶな　草だ。（　　）
(2) 百センチメートルいじょうの　ながさ。（　　）
(3) だんだんと　日が　かげる。（　　）

ア　光が　よわく　なる。
イ　……よりも　上。
ウ　つよい。

こたえは66ページ

きほん 5

かん字を　つかおう2

教科書㊤49ページ

月　日

10ぷん　／100点

1 ――の　かん字の　読みがなを　書きましょう。　一つ8〔64点〕

(1) 人が　来る。（　）
(2) 来年の　もくひょう。（　）
(3) 正しい　文字。（　）
(4) 正月の　あそび。（　）
(5) 正門に　行く。（　）
(6) 女子と　男子。（　）（　）
(7) りっぱな　人間。（　）

2 ――の　かん字の、二とおりの　読み方を　書きましょう。　一つ8〔16点〕

(1) バスが　来ない。（　）
(2) バスが　来た。（　）

3 □に　あてはまる　かん字を　書きましょう。　一つ5〔20点〕

(1) □□（がっこう）に　かよう。
(2) □□□（にねんせい）
(3) □□（せんせい）と　話す。
(4) □（な）まえを　書く。

こたえは66ページ

かくにん 5

かん字を　つかおう2

教科書㊤49ページ

月　日

10ぷん　／100点

1 □に　あてはまる　かん字を　書きましょう。　一つ8〔40点〕

(1) ともだちが □(く)る。

(2) □□(らいげつ)の　よてい。

(3) □□(もじ)を　読む。

(4) □□(せいもん)の　まえ。

(5) □□(だんじょ)に　分かれる。

2 ――の　かん字の、三つの　読み方を　書きましょう。　一つ8〔24点〕

(1) たなの　間。（　　）

(2) 時間（　　）

(3) 人間（　　）

3 つぎの　読み方を　する　かん字を　□に　書きましょう。　一つ9〔36点〕

(1) ① □(こ)ども　② 男□(し)

(2) ① □(しょう)月　② □(ただ)しい

こたえは66ページ

きほん 6

教科書㊤50〜55ページ

かんさつした ことを 書こう
かたかなで 書く ことば

月　日

10分　／100点

1 ――の かん字の 読みがなを 書きましょう。 一つ4〔36点〕

(1) みの回り（　　）

(2) むねの 高さの 木。（　　）

(3) 黄色の 花。（　　）

(4) 外国の 地名。（　　）（　　）

(5) 人の 名前。（　　）

(6) 一人で 行く。（　　）

(7) 二人の 大人。（　　）（　　）

2 つぎの ことばを かたかなで 書きましょう。 一つ8〔64点〕

(1) がらす（　　）

(2) こっぷ（　　）

(3) さっかあ（　　）

(4) えじぷと（　　）

(5) ぎしぎし（　　）

(6) ろんどん（　　）

(7) ばしゃばしゃ（　　）

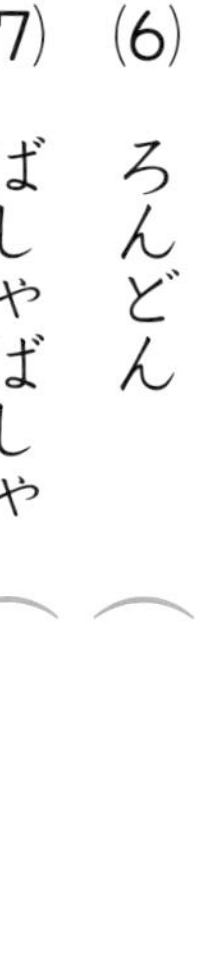

(8) あんでるせん（　　）

こたえは66ページ

かくにん 6

かんさつした ことを 書こう かたかなで 書く ことば

教科書(上)50〜55ページ

月　日

／100点　10分

1 □に あてはまる かん字を かきましょう。 一つ10〔60点〕

(1) こまが □(まわ)る。

(2) □(たか)い 山。

(3) □□(きいろ)の えのぐ。

(4) □□(がいこく)に 行く。

(5) □□(ちめい)を おぼえる。

(6) □□(なまえ)を 書く。

2 つぎの 文は トマトの 何に ついて かんさつした 文ですか。ア〜ウから えらんで、記ごうで、こたえましょう。 一つ8〔16点〕

(1) (　) いちばん 大きな みは、ビー玉ぐらいです。

(2) (　) いろいろな みどりが まざって います。

ア 大きさ　イ いろ　ウ におい

3 つぎの 文の 中から かたかなで 書く ことばを 見つけて、かたかなに なおして 書きましょう。 一つ8〔24点〕

(1) とびらを とんとんと たたく。 (　)

(2) にゅうよおくの おみやげを かう。 (　)

(3) くだものを すぷうんで たべる。 (　)

こたえは66ページ

きほん 7

名前を　見て　ちょうだい　(1)

教科書㊤56～72ページ

月　日

10分　／100点

1 ——の　かん字の　読みがなを　書きましょう。　一つ10〔70点〕

(1) 野原で　あそぶ。（　　）

(2) すきな　方へ　行く。（　　）（　　）

(3) きつねの　頭。（　　）

(4) しつもんに　答える。（　　）

(5) 本当の　ことを　言う。（　　）（　　）

(6) 大きな　牛。（　　）

(7) じろりと　見下ろす。（　　）

2 つぎの　ことばの　いみを　ア～オから　えらんで、記ごうで　答えましょう。　一つ6〔30点〕

(1) さっそく（　　）

(2) しぶしぶ（　　）

(3) あとずさり（　　）

(4) したなめずり（　　）

(5) みぶるい（　　）

ア　いやいやながら。

イ　前を　むいた　ままで　うしろに　さがる　こと。

ウ　すぐに　おこなう　ようす。

エ　おそろしさなどで　からだが　ふるえる　こと。

オ　したで　くちびるを　なめまわす　こと。

こたえは66ページ

かくにん 7

教科書㊤56〜72ページ

名前を 見て ちょうだい (1)

月　日

10分　／100点

1 □に あてはまる かん字を 書きましょう。　一つ9〔54点〕

(1) ひろい □□(のはら)。

(2) むこうの □(ほう) へ 行く。

(3) □(あたま) が いたい。

(4) もんだいの □(こたえ) え。

(5) そうじ □(とう) ばん

(6) □(うし) が なく。

2 ——の ことばの つかいかたが 正しい ほうに、〇を つけましょう。　一つ5〔10点〕

(1)
ア（　）はじめて 見た 道具(どうぐ)を、ふしぎそうに ながめる。
イ（　）まい日 つかう 道具を、ふしぎそうに ながめる。

(2)
ア（　）くらい 空を まぶしそうに 見上げる。
イ（　）あかるい 空を まぶしそうに 見上げる。

3 つぎの ことばに あう ものを 下から えらんで、——で むすびましょう。　一つ9〔36点〕

(1) ぼうしを ぎゅうっと・　　・ア ふく。

(2) つよい 風が　・　　・イ かぶる。

(3) ははから ふくを　・　　・ウ 出かける。

(4) ちちと 車で　・　　・エ もらう。

こたえは66ページ

きほん 8

教科書㊤56～72ページ

名前を 見て ちょうだい (2)

月　日

10分　／100点

1 ――の かん字の 読みがなを 書きましょう。 一つ9〔72点〕

(1) あっという間。（　　）

(2) ふろの 湯(ゆ)気。（　　）

(3) 空気が もれる。（　　）

(4) 風せんが しぼむ。（　　）

(5) 元の 大きさ。（　　）

(6) お話の 場めん。（　　）

(7) はじめて 会う。（　　）

(8) すてきだと 思う。（　　）

2 つぎの ことばの いみを ア～ウから えらんで、記ごうで 答えましょう。 一つ7〔21点〕

(1) すます（　　）　(2) しぼむ（　　）

(3) むねを はる（　　）

ア ふくらんで いた ものが ちぢむ。

イ どうどうと する。

ウ かんけい ないと いう かおで 気どる こと。

3 ――の ことばの つかい方が 正しい 方に ○を つけましょう。 〔7点〕

ア（　　）風のように はしって いく。

イ（　　）風のように ねむって いる。

こたえは67ページ

かくにん 8

教科書㊤56〜72ページ

名前を 見て ちょうだい (2)

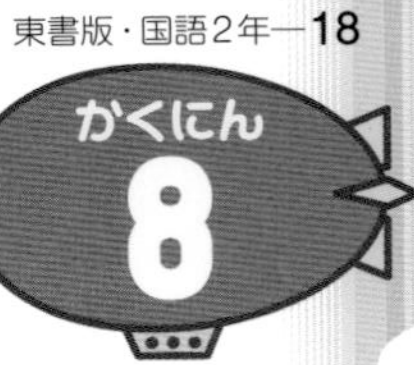

月　日

10分

／100点

1 □に あてはまる かん字を 書きましょう。 一つ10〔60点〕

(1) □(ま)に あう

(2) □(ふう)せんを もらう。

(3) □(もと)どおりに する。

(4) □(ば)しょが かわる。

(5) 人に □(あ)う。

(6) □(おも)い出す

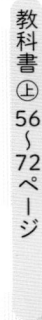

2 つぎの 読み方を する かん字を □に 書きましょう。 一つ10〔20点〕

(1) 火の □(け)が ない。

(2) きれいな □□(くうき)。

3 (　)に あてはまる ことばを ア〜ウから えらんで、記ごうで 答えましょう。 一つ10〔20点〕

(1) こわくて、(　) ふるえる。

(2) かぜで リボンが (　) ゆれる。

ア ひらひら　イ ぶるぶる　ウ ぶつぶつ

こたえは67ページ

かん字を　つかおう3　じゅんじょ

月　　日

／100点

1　──の　かん字の　読みがなを　書きましょう。　一つ5〔65点〕

(1) 今から　行く。（　）（　）

(2) 会社を　見学する。（　）（　）

(3) 親と　子。（　）（　）

(4) 親しい　友。（　）（　）

(5) 休日の　よてい。（　）

(6) 明るい　へや。（　）

(7) せつ明する（　）

(8) 名言を　聞く。（　）

(9) ひとり言（　）

(10) おつりの　計算。（　）

(11) 生たまごを　わる。（　）

2　□に　あてはまる　かん字を　書きましょう。　一つ7〔35点〕

(1) □□（みぎ て）

(2) □□（ひだり あし）

(3) □（かい）がら

(4) □（ちから）を　入れる。

(5) □（みみ）を　すます。

こたえは67ページ

かん字を　つかおう3　じゅんじょ

教科書㊤73〜75ページ

月　　日

／100点　10分

1 □に　あてはまる　かん字を　書きましょう。　一つ10〔50点〕

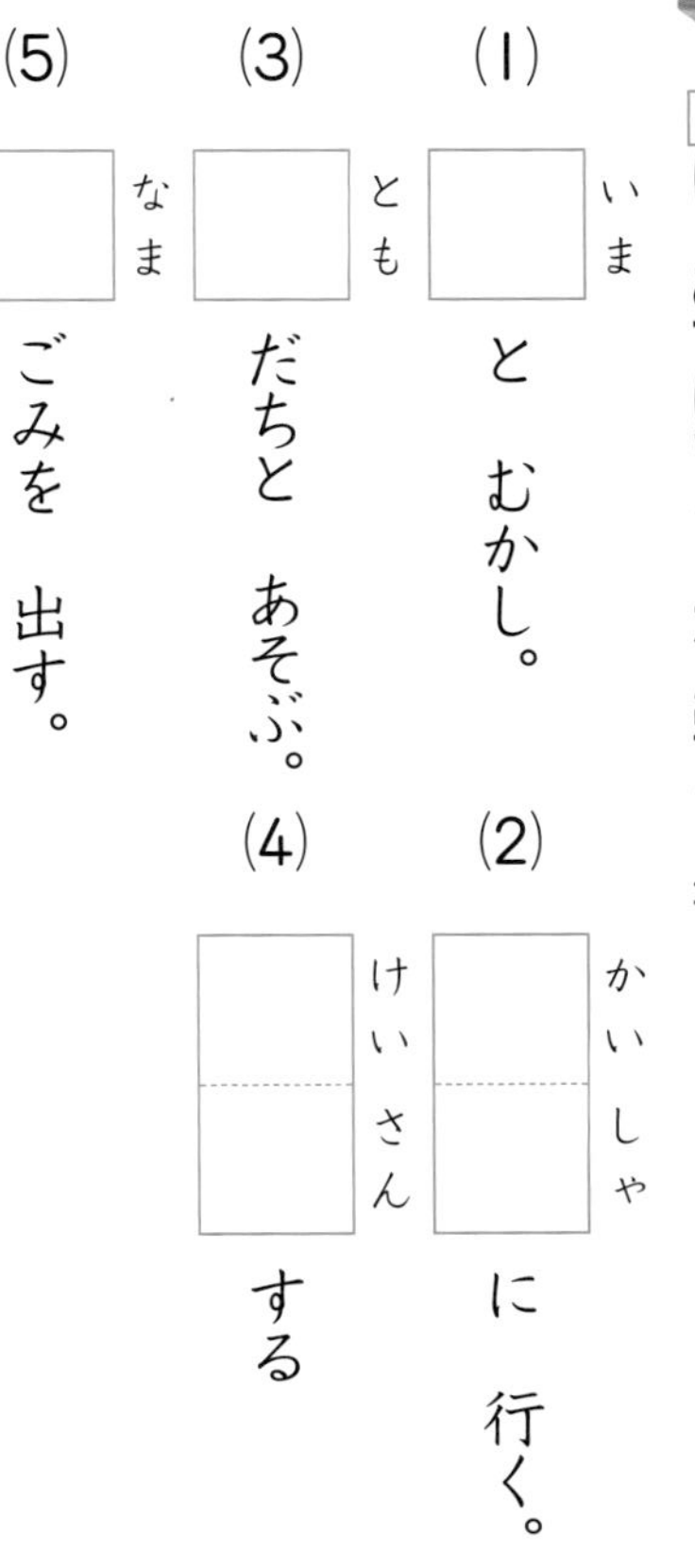

(1) □（いま）と　むかし。

(2) □□（かいしゃ）に　行く。

(3) □（とも）だちと　あそぶ。

(4) □□（けいさん）する

(5) □（なま）ごみを　出す。

2 □に、おなじ　ところの　ある　かん字を　書きましょう。　一つ9〔36点〕

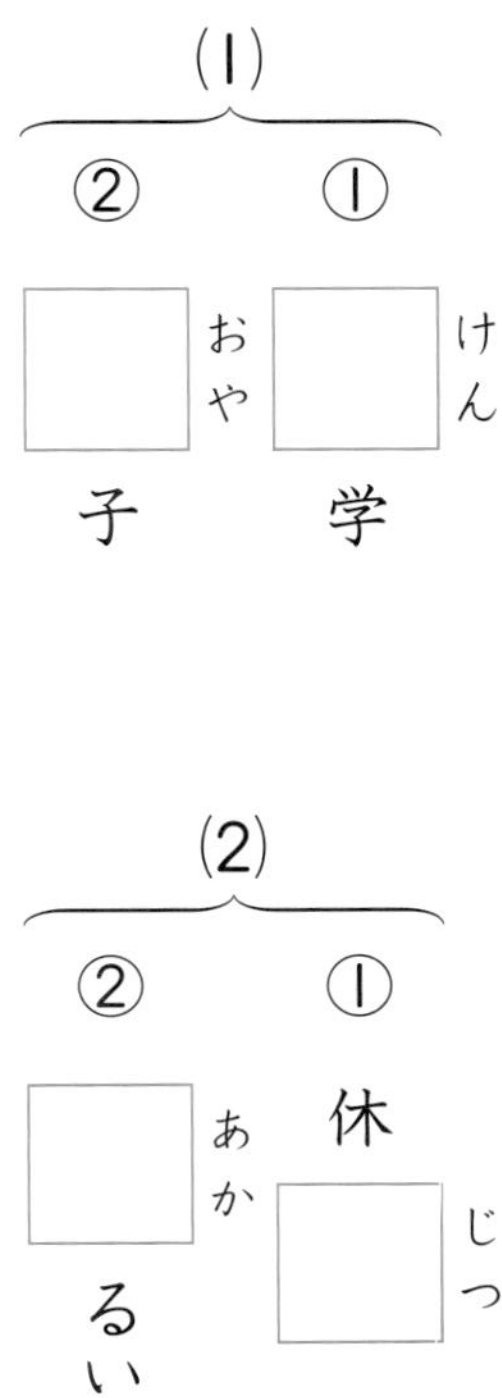

(1) ①□（けん）学　②□（おや）子

(2) ①休□（じつ）　②□（あか）るい

3 つぎの　読み方を　する　かん字を　□に　書きましょう。　一つ7〔14点〕

(1) □（こと）ばを　おぼえる。

(2) 名□（げん）を　おそわる。

こたえは67ページ

きほん 10

教科書㊤76〜85ページ

月　日

こんな　ことを　して　いるよ
話そう、二年生の　わたし

10分　／100点

1 ――の　かん字の　読みがなを　書きましょう。　一つ10〔70点〕

(1) 文しょうの　組み立て。（　　）

(2) 家の　こと。（　　）

(3) 自分の　気もち。（　　）（　　）

(4) 行を　かえる。（　　）

(5) 心に　のこる。（　　）

(6) 字を　教える。（　　）

(7) 大人に　教わる。（　　）

2 つぎの　文が　さらの　あらい方に　なるように、（　）に　あてはまる　ことばを　［　］から　えらんで、書きましょう。　一つ10〔30点〕

(1) （　　　）、スポンジに　せんざいを　つけて、あわを　たてます。

(2) （　　　）、さらに　ついた　よごれを　スポンジで　こすって　おとします。

(3) （　　　）、さらに　ついた　せんざいを　水で　しっかり　おとして、かわいた　タオルで　ふきます。

［　つぎに　　さいごに　　まず　］

こたえは67ページ

かくにん 10

話そう、二年生の　わたし
こんな　ことを　して　いるよ

教科書㊤76〜85ページ

月　日

／100点　10分

1 □に　あてはまる　かん字を　書きましょう。　一つ10〔60点〕

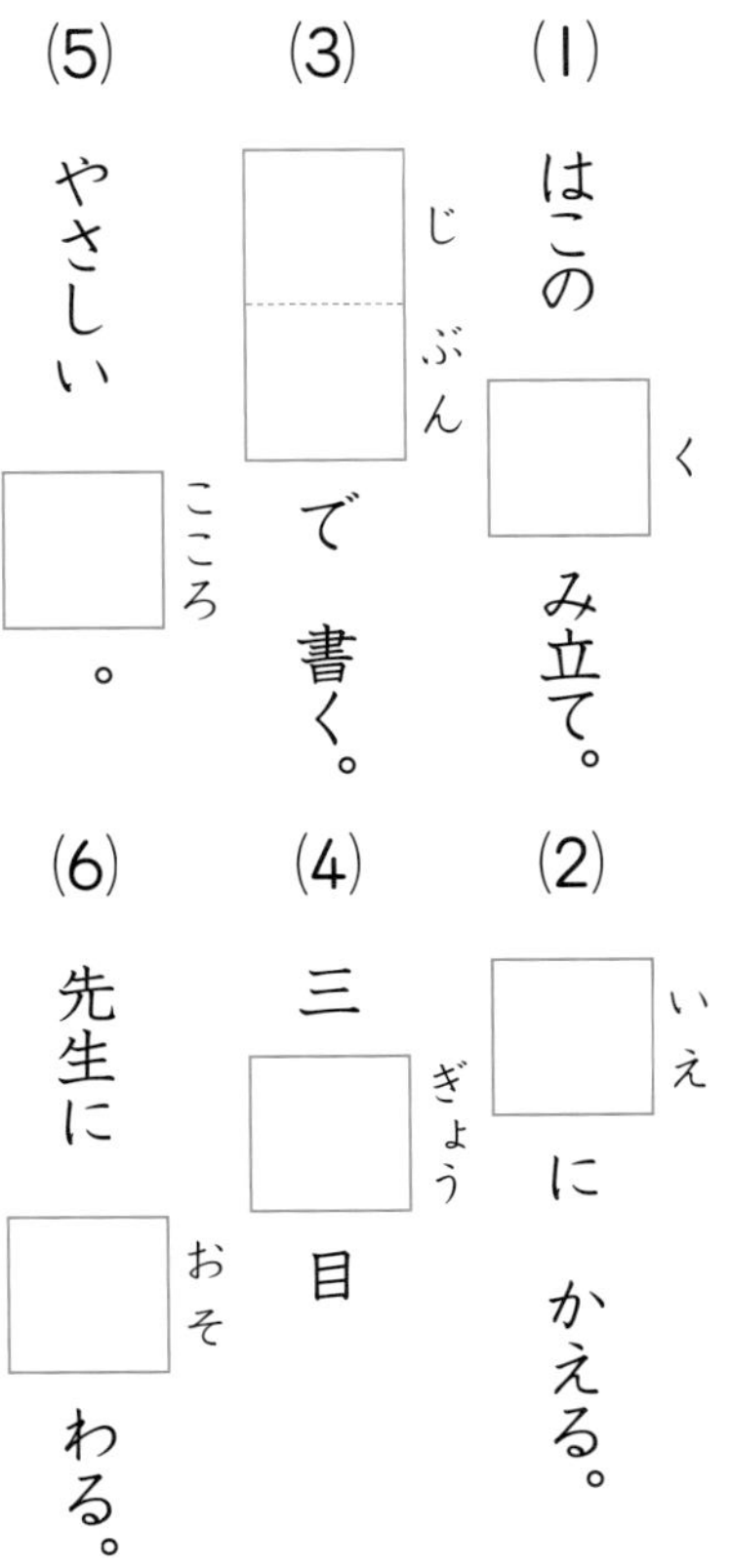

(1) はこの □(く) み立て。　(2) □(いえ) に　かえる。

(3) □□(じぶん) で　書く。　(4) 三 □(ぎょう) 目

(5) やさしい □(こころ)。　(6) 先生に □(おそ) わる。

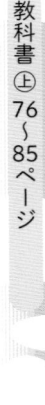

2 文しょうの　くみ立てを　あらわす　ことばの　せつ明に　あう　ものを　ア〜ウから　えらんで、記ごうで　答えましょう。　一つ10〔30点〕

(1) はじめ（　　）　(2) 中（　　）　(3) おわり（　　）

ア　くわしい　せつ明を　書く。
イ　何に　ついて　つたえるかを　書く。
ウ　じぶんの　思いや　考えを　書く。

3 つぎの　文に、かぎ（「　」）を　つけましょう。　〔10点〕

あさ、ゆきさんに、
おはよう。
と言いました。

こたえは67ページ

きほん 11

教科書㊤86〜96ページ

どうぶつ園の　かんばんと　ガイドブック

月　日

10分

／100点

1 ――の　かん字の　読みがなを　書きましょう。　一つ6〔60点〕

(1) どうぶつ園に　行く。（　　）

(2) もっと　知りたい。（　　）

(3) 体の　大きさ。（　　）

(4) はなが　長い。（　　）

(5) 太い　あし。（　　）

(6) 草原に　すむ。（　　）

(7) 森林を　まもる。（　　）

(8) おんどを　下げる。（　　）

(9) きん肉を　きたえる。（　　）

(10) 同じ　ところ。（　　）

2 つぎの　ことばの　いみを　ア〜エから　えらんで、記ごうで　答えましょう。　一つ10〔40点〕

(1) じゆうじざい（　　）　(2) もっとも（　　）

(3) ほとんど（　　）　(4) とくちょう（　　）

ア　だいたい。ぜんぶに　ちかい　ようす。

イ　思った　とおりに　できる　こと。

ウ　ほかの　ものと　ちがう　点。

エ　ほかと　くらべて　いちばん。

こたえは67ページ

かくにん 11

教科書㊤86〜96ページ

どうぶつ園の　かんばんと　ガイドブック

月　日

10分　／100点

1 □に　あてはまる　かん字を　書きましょう。　一つ7〔70点〕

(1) ゆう□（えん）地

(2) 答えを□（し）る。

(3) □（からだ）を　うごかす。

(4) □（なが）い　川。

(5) □（ふと）い　木。

(6) □□（そうげん）を　あるく。

(7) □□（しんりん）に　行く。

(8) うしろに□（さ）がる。

(9) □（にく）を　たべる。

(10) □（おな）じ　かたち。

2 （　）に　あてはまる　ことばを　ア〜カから　えらんで、記ごうで　答えましょう。　一つ5〔30点〕

(1) みじかく　まとめる　もの　（　）（　）（　）

(2) くわしく　せつ明する　もの　（　）（　）（　）

ア　かんばん　　イ　メモ　　ウ　本の　かんそう文

エ　友だちの　しょうかい文　　オ　文しょうの　見出し

カ　ガイドブック

こたえは67ページ

きほん 12

教科書㊤108～117ページ

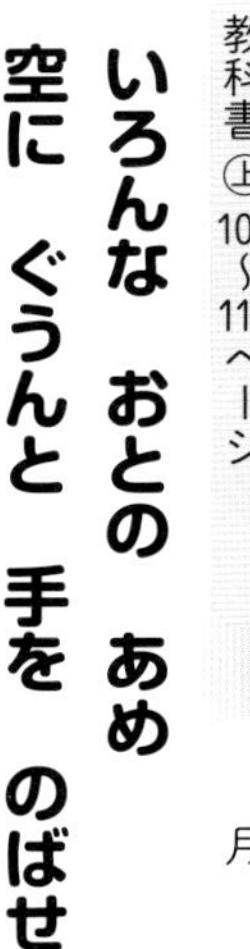

いろんな　おとの　あめ
空に　ぐうんと　手を　のばせ
みんなで　話し合おう

月　日

10分　／100点

1 ――の　かん字の　読みがなを　書きましょう。　一つ10〔40点〕

(1) 何人かで　話し合う。（　　）
(2) 大すきな　場めん。（　　）
(3) かけっこは　楽しい。（　　）
(4) 雪だるまを　作る。（　　）

2 （　）に　あてはまる　ことばを　ア～ウから　えらんで、記ごうで　答えましょう。　一つ8〔24点〕

(1) シールを　ノートに（　）と　はりつける。
(2) 風せんが（　）と　われる。
(3) かさから　雨の　しずくが（　）と　おちる。

ア　ぱちん　　イ　ぽとん　　ウ　ぴたん

3 つぎの　ことばの　いみを　下から　えらんで　――で　むすびましょう。　一つ9〔36点〕

(1) かきわける・　　・ア　うでで　だいて　もつ。
(2) つかまえる・　　・イ　手で　つかんで　おさえる。
(3) つなぐ　　・　　・ウ　手で　かきのける。
(4) かかえる　・　　・エ　ものと　ものを　むすぶ。

こたえは68ページ

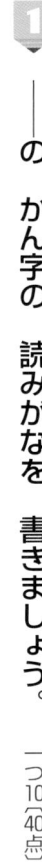

かくにん 12

教科書㊤108〜117ページ

いろんな　おとの　あめ
空に　ぐうんと　手を　のばせ
みんなで　話し合おう

月　日

10分

／100点

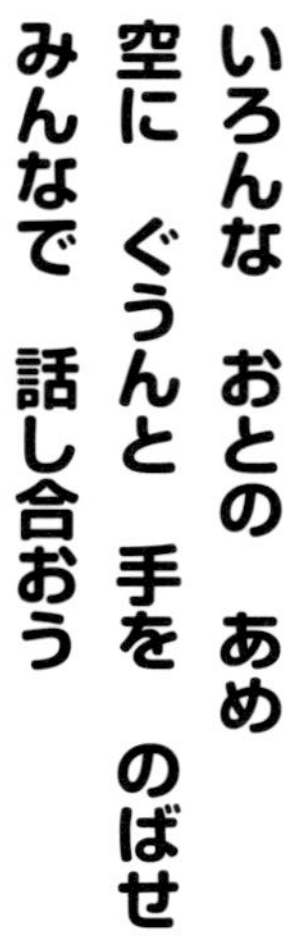

1 □に　あてはまる　かん字を　書きましょう。　一つ15〔60点〕

(1) 力を　□（あ）　わせる。

(2) □（だい）　学生

(3) □（たの）　しい　なつ休み。

(4) □（ゆき）　が　とける。

2 （　）に　あてはまる　ことばを　ア〜ウから　えらんで、記ごうで　答えましょう。　一つ10〔30点〕

(1) 赤、青、白の　うち、（　　）色が　すきですか。

(2) なつ休みには　（　　）ことを　しましたか。

(3) （　　）その　本を　読みたいのですか。

ア　どうして　　イ　どんな　　ウ　どの

3 しつもんに　答える　とき、ことばの　つかい方が　正しい　方に　○を　つけましょう。　〔10点〕

どうして、山に　行きたいのですか。

ア（　　）山の　空気は　きれいで　気もちよさそうだと　思ったからです。

イ（　　）山の　空気は　きれいで　気もちよいと　思います。

こたえは68ページ

きほん 13

ニャーゴ

教科書 ㊤ 118～130ページ

月　日

10分　／100点

1 ――の かん字の 読みがなを 書きましょう。 一つ7〔84点〕

(1) 顔を 見る。（　　）

(2) すぐに 食べる。（　　）

(3) 一生けんめい（　　）

(4) 歩きだす（　　）

(5) 少しの 水。（　　）

(6) 今日は 雨だ。（　　）

(7) はやく 走る。（　　）

(8) ぴたっと 止まる。（　　）

(9) 肉を 食う。（　　）

(10) 弟と 妹。（　　）（　　）

(11) 数が 足りる。（　　）

2 つぎの ことばの いみを ア～ウから えらんで、記ごうで 答えましょう。 一つ8〔16点〕

(1) ひそひそ声（　　）　(2) ためいき（　　）

ア ふまんな 気もちを 顔つきに あらわす こと。

イ こまった ときなどに 出る 大きな いき。

ウ 人に 聞かれないように 話す 小さな 声。

こたえは68ページ

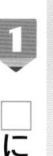

ニャーゴ

教科書㊤118～130ページ

月　日

10分

／100点

1 □に あてはまる かん字を 書きましょう。 一つ8〔64点〕

(1) □(かお)を ふく。

(2) パンを □(た)べる。

(3) 犬が □(ある)きだす。

(4) □(はし)って いく。

(5) 車が □(と)まる。

(6) □(おとうと)と □(いもうと)に 会う。

(7) 数を □(た)す。

2 つぎの 読み方を する かん字を □に 書きましょう。 一つ6〔12点〕

(1) りょうが □(すく)ない。

(2) □(すこ)し 小さい。

3 つぎの ことばに 合う ものを 下から えらんで、――で むすびましょう。 一つ8〔24点〕

(1) ちっとも ・　　・ア ひげを 立てる。

(2) ぴんと ・　　・イ 足を とめる。

(3) ぴたっと ・　　・ウ 話を 聞かない。

こたえは68ページ

かん字を　つかおう4

教科書㊤131ページ

月　日

／100点

1 ――の　かん字の　読みがなを　書きましょう。　一つ7〔70点〕

(1) 一万円を　もらう。（　　）

(2) 時間を　計る。（　　）

(3) 野さいを　食べる。（　　）

(4) 大切な　かばん。（　　）

(5) かれは　天才だ。（　　）

(6) 雨天なら　ちゅうしだ。（　　）

(7) 天の川を　ながめる。（　　）

(8) 外国語を　ならう。（　　）

(9) 丸太を　きる。（　　）

(10) にもつを　台に　おく。（　　）

2 □に　あてはまる　かん字を　書きましょう。　一つ5〔30点〕

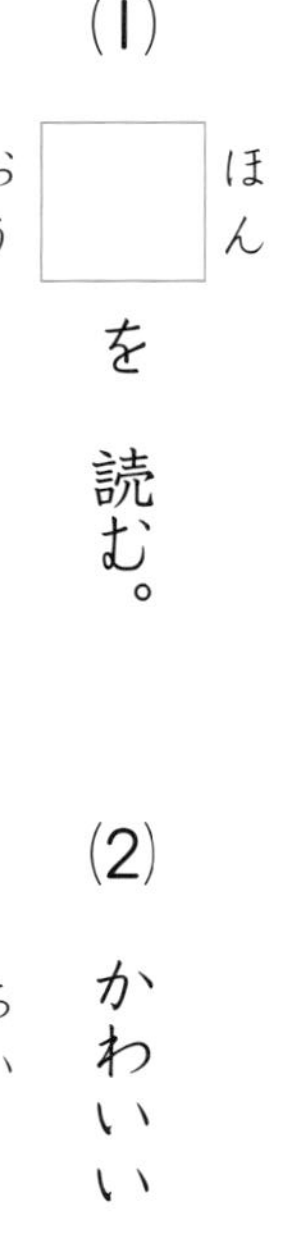

(1) □（ほん）を　読む。

(2) かわいい　□（いぬ）。

(3) □（おう）さまに　会う。

(4) □（ちい）さな　ねこ。

(5) 元気な　□（おとこ）の　□（こ）。

こたえは68ページ

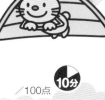

かん字を　つかおう4

教科書㊤131ページ

月　　日

10分　／100点

1 □に　あてはまる　かん字を　書きましょう。　一つ8〔48点〕

(1) タイムを　□(はか)る。

(2) □□(やせい)の　どうぶつ。

(3) □□(たいせつ)な　手がみ。

(4) □(さい)のうが　ある。

(5) □□(こくご)の　時間。

(6) □□(さんだい)の　車。

2 □に　かたちの　にて　いる　かん字を　書きましょう。　一つ7〔28点〕

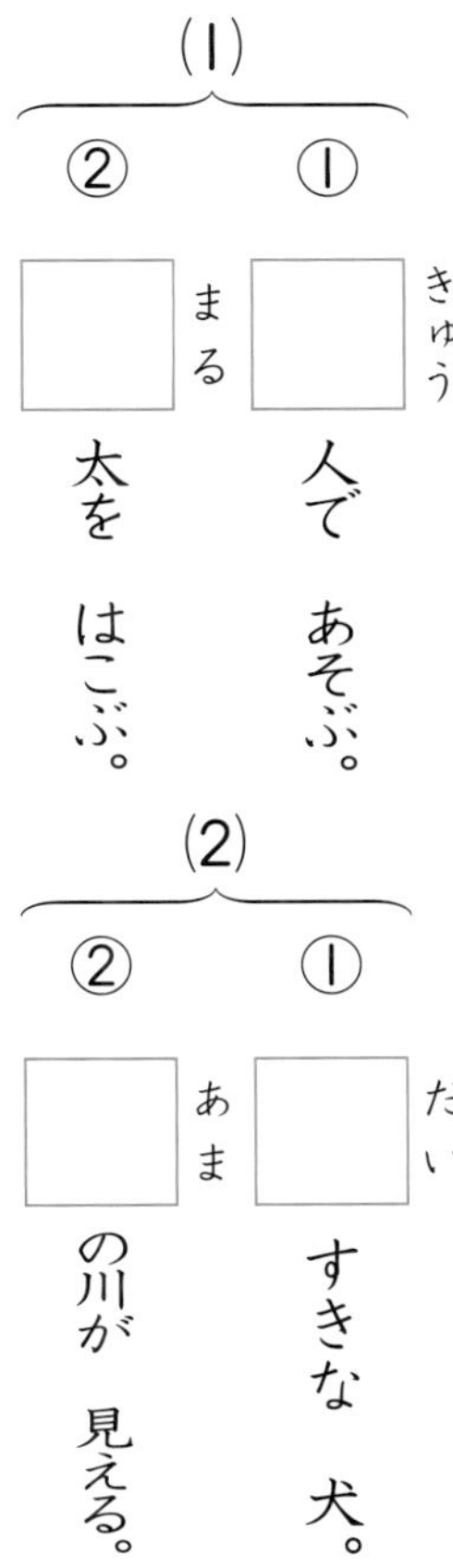

(1) ① □(きゅう)人で　あそぶ。
② □(まる)太を　はこぶ。

(2) ① □(だい)すきな　犬。
② □(あま)の川が　見える。

3 □に　数に　かんけいの　ある　かん字を　書きましょう。　一つ8〔24点〕

(1) □(ひゃく)円

(2) □(せん)円

(3) 一□(まん)円

こたえは68ページ

きほん 15

教科書（上）132～139ページ

ものの　名前を　あらわす　ことば
絵を　見て　お話を　書こう

月　日

10分　／100点

1 ――の　かん字の　読みがなを　書きましょう。　一つ10〔30点〕

(1) 絵を　見る。（　　）

(2) そうぞうを　広げる。（　　）

(3) 地図を　もって　いく。（　　）

2 上の　ことばを、まとめて　よぶ　ことばを　ア～エから　えらんで　記ごうで　答えましょう。　一つ10〔40点〕

(1) じゃがいも・トマト・だいこん（　　）

(2) とんぼ・せみ・バッタ（　　）

(3) うめ・あじさい・チューリップ（　　）

(4) いわし・まぐろ・さんま（　　）

ア　さかな　イ　花　ウ　こん虫　エ　野さい

3 （　）に　あてはまる　ことばを　ア～ウから　えらんで、記ごうで　答えましょう。　一つ10〔30点〕

(1) しゅくだいを　しました。（　　）、おふろに　入りました。

(2) へやの　あかりを　つけようと　しました。（　　）、あかりは　つきませんでした。

(3) きつねの　子は　山を　下りました。（　　）、ぶじに　家に　かえることが　できました。

ア　こうして　イ　ところが　ウ　それから

こたえは68ページ

かくにん 15

教科書 ㊤ 132〜139ページ

ものの 名前を あらわす ことば
絵を 見て お話を 書こう

月　日

10分　／100点

1 □に あてはまる かん字を 書きましょう。 一つ10〔30点〕

(1) □（え）を かく。

(2) はばが □（ひろ）がる。

(3) □□（ちず）を しらべる。

2 ——の ことばの つかい方が 正しい 方に、○を つけましょう。 〔10点〕

ア（　）雨です。ところが、かさを もって います。

イ（　）雨です。ところが、かさが ありません。

3 同じ なかまの ことばを □ から えらんで 書きましょう。 一つ10〔60点〕

(1) 学校に ある もの（　）（　）

(2) 時を あらわす ことば（　）（　）

(3) きせつを あらわす ことば（　）（　）

あさ　なつ　校門　こくばん

あき　夕方

こたえは68ページ

きほん 16

教科書㊦ 8〜20ページ

ビーバーの 大工事(1)

月　日

10分　／100点

1 ——の かん字の 読みがなを 書きましょう。 一つ6〔60点〕

(1) 工事中（　　）
(2) 北に むかう。（　　）
(3) 地ひびきを 立てる。（　　）
(4) せきが 近い。（　　）
(5) 上あごの 歯。（　　）
(6) 大工さん（　　）
(7) 木を 切る。（　　）
(8) つなを 引く。（　　）
(9) 上手に およぐ。（　　）
(10) 後ろあしの 水かき。（　　）

2 つぎの ことばの いみを ア〜エから えらんで、記ごうで 答えましょう。 一つ10〔40点〕

(1) おもし（　　）
(2) せき止める（　　）
(3) かじ（　　）
(4) 引きずる（　　）

ア とおれないように ふさぐ。
イ ものを 地めんに つけた まま うごかす。
ウ おもみを つけて ものを おさえて おく もの。
エ 水の 中で むきを かえる そうち。

こたえは69ページ

ビーバーの　大工事（じ）　(1)

教科書 ㊦ 8〜20ページ

月　　日

10分　／100点

1 □に　あてはまる　かん字を　書きましょう。　一つ11〔66点〕

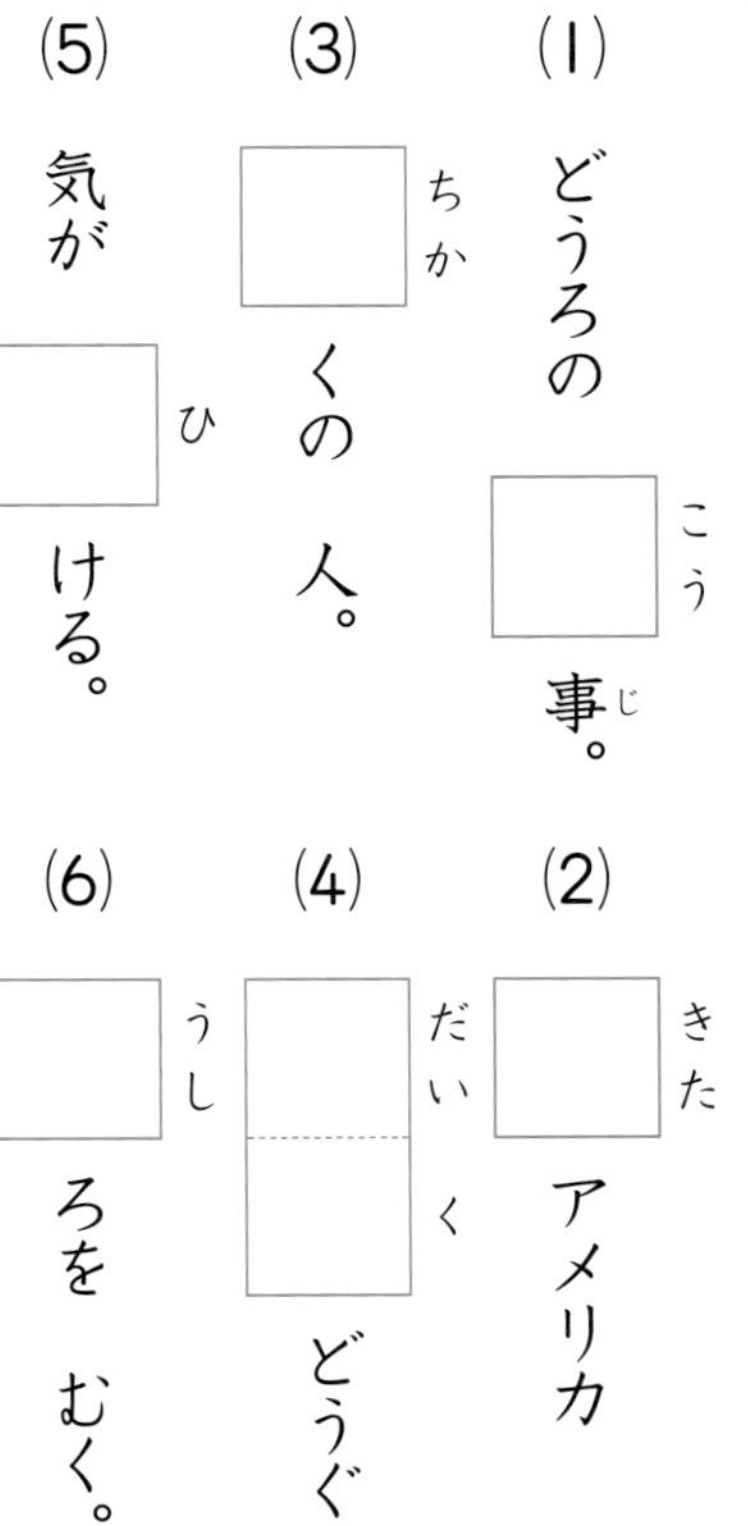

(1) どうろの　□（こう）事（じ）。

(2) □（きた）アメリカ

(3) □（ちか）くの　人。

(4) □□（だいく）どうぐ

(5) 気が　□（ひ）ける。

(6) □（うし）ろを　むく。

2 つぎの　読み方を　する　かん字を　書きましょう。　一つ8〔16点〕

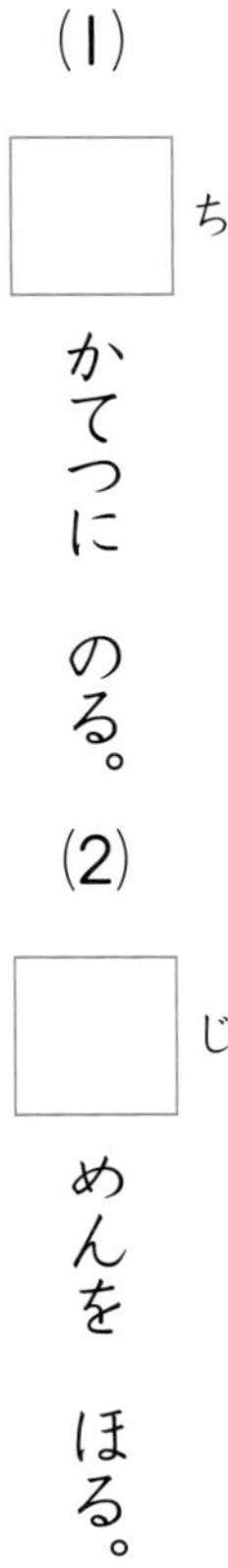

(1) □（ち）かてつに　のる。

(2) □（じ）めんを　ほる。

3 ——の　ことばと　つかい方が　同じ　ものには　○を、ちがう　ものには　×を　つけましょう。　一つ6〔18点〕

まるで　風のような　足の　はやさだ。

①（　）弟は　ははに　ようじが　ある。

②（　）先生のような　あねが　いる。

③（　）あにと　えきへ　行って　みよう。

こたえは69ページ

きほん 17

教科書㊦8〜28ページ

ビーバーの 大工事 (2)
本で しらべる
「どうぶつカード」を 作ろう

月　日

10分

／100点

1 ——の かん字の 読みがなを 書きましょう。 一つ6〔60点〕

(1) 丸い 形。（　　）（　　）

(2) 家ぞくで 出かける。（　　）（　　）

(3) 五分 たった。（　　）

(4) 夜中まで おきて いる。（　　）

(5) 線の 内がわ。（　　）（　　）

(6) 青い 海。（　　）（　　）

(7) 海ていの ようす。（　　）

(8) 図書館（かん）（　　）

(9) 新しい えんぴつ。（　　）

(10) 力が 強い。（　　）（　　）

2 （　）に あてはまる ことばを、□から えらんで 書きましょう。 一つ10〔40点〕

(1) 空が（　　　）くらくなる。

(2) 弟の 手を（　　　）にぎる。

(3) 今日は（　　　）ふゆのように さむい。

(4) ここには（　　　）入っては いけません。

まるで	けっして	たちまち	しっかりと

こたえは69ページ

かくにん 17

ビーバーの 大工事(じ) (2) 本で しらべる 「どうぶつカード」を 作ろう

教科書 ㊦ 8〜28ページ

月　日

／100点　10分

1 □に あてはまる かん字を 書きましょう。 一つ10〔70点〕

(1) 花の □(かたち)。

(2) □(か)ぞくが そろう。

(3) □□(よぞら)を 見る。

(4) ドアの □(うち)がわ。

(5) □(うみ)で およぐ。

(6) □(あたら)しい くつ。

(7) 雨が □(つよ)まる。

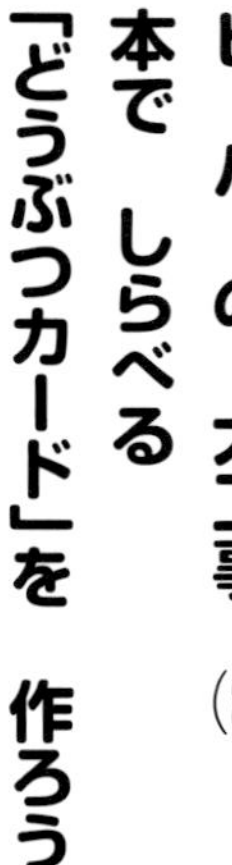

2 つぎの ことばの いみを ア〜ウから えらんで、記ごうで 答えましょう。 一つ10〔30点〕

(1) もくじ（　　）
(2) 見出し（　　）
(3) 図かん（　　）

ア どうぶつや しょくぶつなど、同じ なかまに ついて、絵や しゃしんを つかって せつ明して いる 本。

イ その あとの 文しょうに 何が 書かれて いるか、みじかく まとめた もの。

ウ 本の ないようが、出て くる じゅんに ならんで いる もの。

こたえは69ページ

主語(しゅ)と　じゅつ語

教科書㊦30〜31ページ

月　日

／100点

1 ——の　かん字の　読みがなを　書きましょう。　一つ10〔40点〕

(1) とりが　鳴く。（　）

(2) 雲が　かかる。（　）

(3) 空が　晴れる。（　）

(4) 船に　のる。（　）

2 かん字が　正しい　方に　○を　つけましょう。　一つ10〔20点〕

(1) よく　{ア（　）晴／イ（　）青}　れた　空。

(2) 白い　{ア（　）雨／イ（　）雲}　が　うかぶ。

3 つぎの　文の　主語(しゅ)には　——を、じゅつ語には　〰〰を　右がわに　引きましょう。　りょうほう　できて　一つ10〔40点〕

(1) 弟が　りんごを　かじる。

(2) 子犬は　とても　かわいい。

(3) あげたての　とんかつは　おいしい。

(4) えっちゃんが　にこにこと　わらった。

こたえは69ページ

かくにん 18

主語(しゅ)と じゅつ語

教科書 下 30〜31ページ

月　日

10分　／100点

1 □に あてはまる かん字を 書きましょう。 一つ8〔32点〕

(1) かねが □(な)る。

(2) 白い □(くも)。

(3) 今日は □(は)れだ。

(4) 大きな □(ふね)。

2 つぎの 文から 主語(しゅ)と じゅつ語を 書きぬきましょう。 一つ8〔32点〕

主語　じゅつ語

(1) あねが よろこぶ。 (　　) (　　)

(2) ぼくは 学校へ 行く。 (　　) (　　)

3 つぎの 文は、主語と じゅつ語が どんな 形に なって いますか。ア〜エから えらんで、記ごうで 答えましょう。 一つ9〔36点〕

(1) 川口さんは 図書がかりだ。 (　　)

(2) そとは あつい。 (　　)

(3) なつ休みが おわる。 (　　)

(4) 弟が 走った。 (　　)

ア だれ(何)が―どう する　イ だれは―何だ

ウ だれ(何)は―どんなだ　エ だれが―どう した

こたえは69ページ

きほん 19

教科書㊦32〜39ページ

町で 見つけた ことを 話そう かたかなを つかおう1

月　日

10分　／100点

1 ——の かん字の 読みがなを 書きましょう。 一つ8〔72点〕

(1) 本やさんの 店長。（　　）
(2) 冬に なる。（　　）
(3) 朝が 早い。（　　）
(4) 週の はじめ。（　　）
(5) 市場に 行く。（　　）
(6) 店を あける。（　　）
(7) 茶色の 犬。（　　）
(8) 春が 来た。（　　）
(9) 三角形（　　）

2 ——の ことばを かたかなで 書きましょう。 一つ7〔28点〕

(1) ふらんすの おかし。（　　）
(2) びすけっとが すきだ。（　　）
(3) きゃらめるを かう。（　　）
(4) 犬が わんわん ほえる。（　　）

かくにん 19

町で 見つけた ことを 話そう かたかなを つかおう1

教科書㊦32～39ページ

月　日

10分　／100点

1 □に あてはまる かん字を 書きましょう。　一つ8〔64点〕

(1) パンやさんの □□（てんちょう）。

(2) □□（ふゆやす）み

(3) □（あさ）が 来る。

(4) □□□（いっしゅうかん）

(5) 花の □□（いちば）。

(6) お □（ちゃ）を のむ。

(7) □（はる）に なる。

(8) □□□（しかくけい）

2 家ぞくに ついて (1)～(3)の じゅんに 話します。（　）に あてはまる ことばを ア～ウから えらんで、記ごうで 答えましょう。　一つ12〔36点〕

(1) 兄の すきな ところを （　） 話します。

(2) （　）、とても サッカーが じょうずな ところです。

(3) （　）、おもしろくて よく わらわせてくれる ところです。

ア 一つ目は　イ 二つ　ウ 二つ目は

こたえは69ページ

教科書㊦40～41ページ

なかまに　なる　ことば　(1)

月　　日

／100点

1 ——の　かん字の　読みがなを　書きましょう。　一つ8〔72点〕

(1) 夏の　日。（　　）

(2) 秋の　空。（　　）

(3) 東に　むかう。（　　）

(4) 南へ　すすむ。（　　）

(5) 西に　行く。（　　）

(6) 父の　話。（　　）

(7) 母が　わらう。（　　）

(8) 母さんの　ぼうし。（　　）

(9) 父さんと　あそぶ。（　　）

2 （　）には、——の　かん字の　読みがなを　書きましょう。〔　〕には、かん字が　あらわす　ことばを　ア～ウから　えらんで、記ごうで　答えましょう。　一つ7〔28点〕

(1) 春夏秋冬（　　）〔　　〕

(2) 東西南北（　　）〔　　〕

ア　方角　　イ　きせつ　　ウ　時

こたえは70ページ

かくにん 20

教科書 ㊦ 40～41ページ

なかまに なる ことば (1)

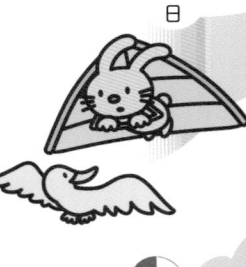

月　日

／100点　10分

1 □に あてはまる かん字を 書きましょう。 一つ8〔24点〕

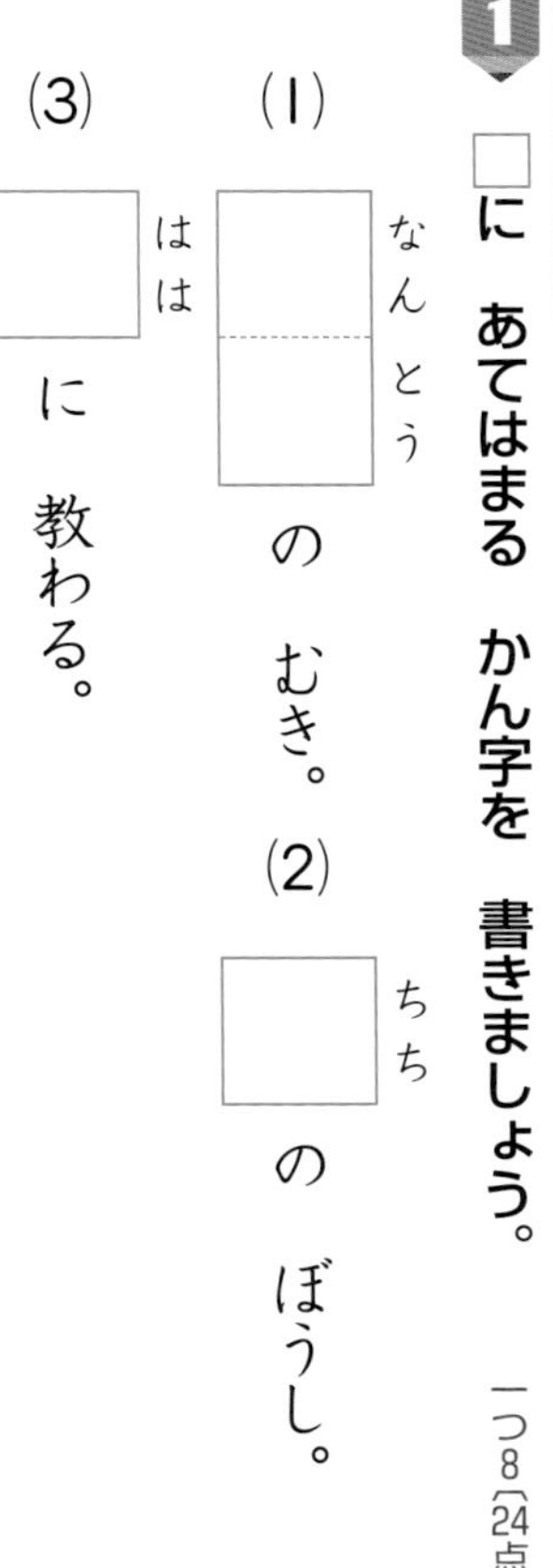

(1) □□（なんとう）の むき。

(2) □（ちち）の ぼうし。

(3) □（はは）に 教わる。

2 □に あてはまる 同じ なかまの かん字を 書きましょう。 一つ8〔64点〕

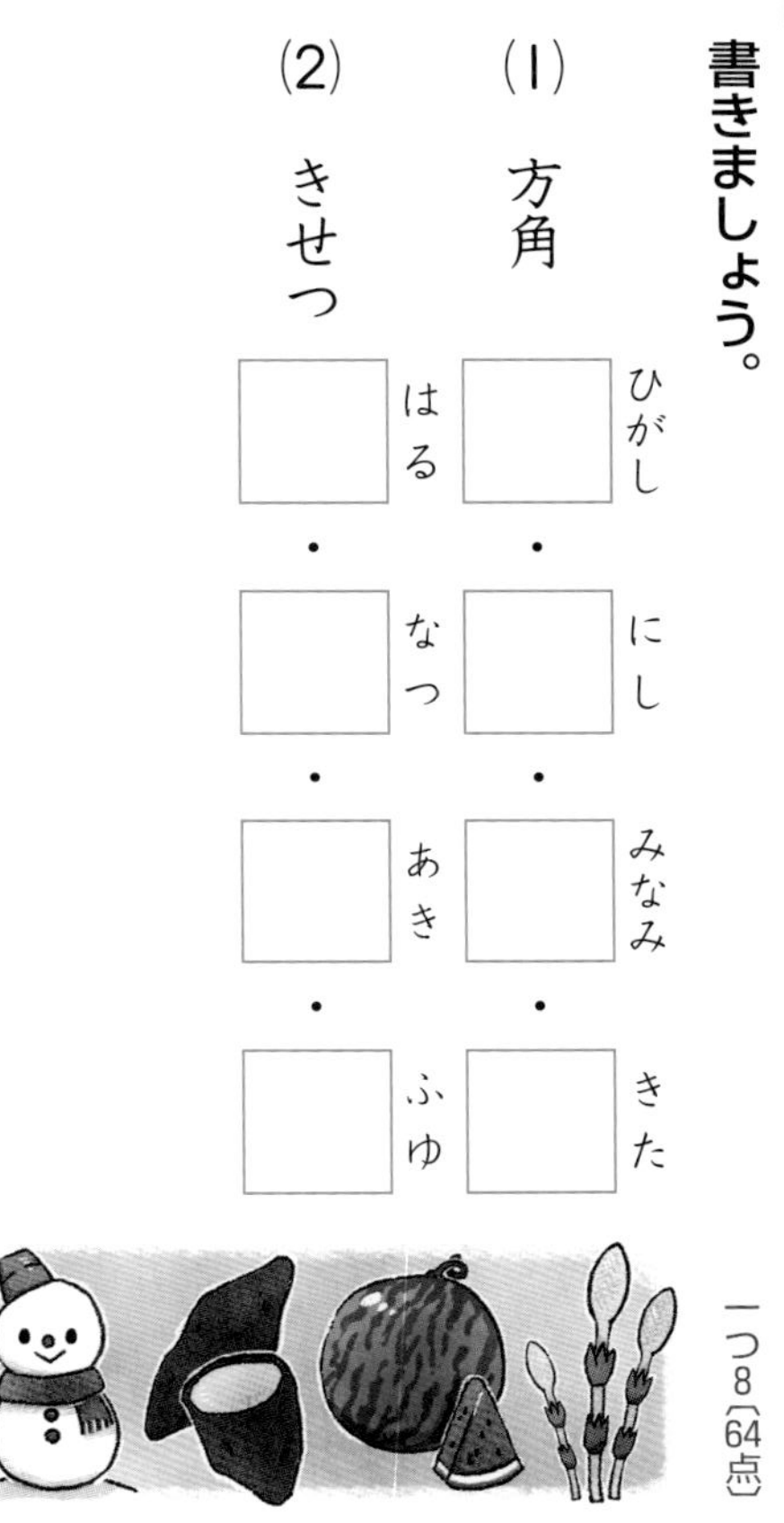

(1) 方角　□（ひがし）・□（にし）・□（みなみ）・□（きた）

(2) きせつ　□（はる）・□（なつ）・□（あき）・□（ふゆ）

3 （　）に あてはまる ことばを 書きましょう。 一つ6〔12点〕

おととい → （　　　） → 今日 →

あした → （　　　）

こたえは70ページ

きほん 21

教科書㊦40～45ページ

なかまに なる ことば ⑵ 「ありがとう」を つたえよう

月　日

10分

／100点

1 ――の かん字の 読みがなを 書きましょう。　一つ8〔88点〕

⑴ 兄が 言う。（　）（　）

⑵ 姉の ふく。（　）

⑶ 昼ごはん（　）

⑷ 学校の 教科。（　）（　）

⑸ 音楽と 体いく。（　）（　）

⑹ 兄弟が いる。（　）

⑺ 兄さんと 姉さん。（　）（　）

⑻ 手紙を 書く。（　）（　）

⑼ ほけん室に 行く。（　）

2 手紙を 書く ときに、つぎの（　）に あてはまる ことばを ア～エから えらんで、記ごうで 答えましょう。　一つ6〔12点〕

> 中村（　⑴　）
> （　⑵　）
> この あいだは、お話を して くれて ありがとうございました。
> こんど また、お話を 聞かせて ください。
> 山下さちよ

⑴（　）

⑵（　）

ア さようなら。　イ さんへ

ウ お元気ですか。　エ より

こたえは70ページ

かくにん 21

教科書㊦40〜45ページ

月　日

なかまに　なる　ことば (2)
「ありがとう」を　つたえよう

10分　／100点

1 □に　あてはまる　かん字を　書きましょう。　一つ8〔32点〕

(1) □（あに）と　あそぶ。

(2) □（あね）の　本。

(3) □□（てがみ）を　出す。

(4) □□（きょうしつ）に　入る。

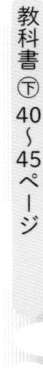

2 □に　あてはまる　同じ　なかまの　かん字を　書きましょう。　一つ10〔50点〕

(1) 時　□（あさ）・□（ひる）・□（よる）

(2) 教科　□□（おんがく）・□（たい）いく

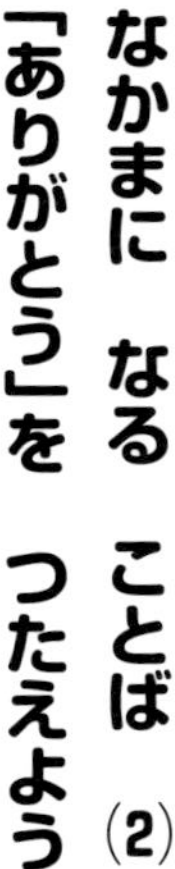

3 つぎの　ことばの　中で、なかまに　ならない　ものを　えらんで、記ごうで　答えましょう。　一つ6〔18点〕

(1) 〔かぞく〕（　　）
ア　父　　イ　母　　ウ　妹　　エ　人

(2) 〔きせつ〕（　　）
ア　春　　イ　秋　　ウ　西　　エ　冬

(3) 〔教科〕（　　）
ア　方角　　イ　算数　　ウ　生活　　エ　図工

こたえは70ページ

きほん 22

かさこじぞう

教科書㊦46～62ページ

月　日

／100点

1 ――の　かん字の　読みがなを　書きましょう。　一つ6〔66点〕

(1) 年の　おわり。（　　）

(2) 売る　もの。（　　）

(3) もちを　買う。（　　）

(4) 町の　外れ。（　　）

(5) 道ばたに　立つ。（　　）

(6) 安心（あんしん）する（　　）

(7) 米の　もち。（　　）

(8) 歌を　歌う。（　　）（　　）

(9) 雨戸を　しめる。（　　）

(10) 空の　はこ。（　　）

2 つぎの　ことばの　いみを　ア～ウから　えらんで、記ごうで　答えましょう。　一つ10〔20点〕

(1) うもれる（　　）

(2) かりとる（　　）

ア　ものに　おおわれる。

イ　しずかに　じっと　聞く。

ウ　はものを　つかって　切りとる。

3 書き方が　正しい　方に、○を　つけましょう。　一つ7〔14点〕

(1) ア（　）びんぼう　イ（　）びんぼお

(2) ア（　）ちかずく　イ（　）ちかづく

こたえは70ページ

かくにん 22

かさこじぞう

教科書㊦46〜62ページ

月　日

10分　／100点

1 □に　あてはまる　かん字を　書きましょう。　一つ9〔54点〕

(1) 野さいを □(う)る。

(2) □(か)いものに　行く。

(3) □(みち)の　まん中。

(4) □(こめ)を　たく。

(5) そとで □(うた)う。

(6) ふるい □□(あまど)。

2 ——の　ことばの　つかい方が　正しい　方に　○を　つけましょう。　〔6点〕

ア（　）あめだから、<u>しかたなく</u>　家に　いたい。
イ（　）あめだから、<u>しかたなく</u>　家で　すごす。

3 （　）に　あてはまる　ことばを　ア〜エから　えらんで、記ごうで　答えましょう。　一つ10〔40点〕

(1) まずしくて、その日　その日を（　）くらす。

(2) 休まないで、（　）手ぶくろを　あむ。

(3) （　）顔を　上げると、大きな　雲が　見えた。

(4) 大雪で、そとは（　）さむいだろう。

ア　さぞ　　イ　せっせと　　ウ　ふと　　エ　やっと

こたえは70ページ

教科書㊦63〜65ページ

かん字を つかおう5 人が する ことを あらわす ことば

月　日

10分　／100点

1 ――の かん字の 読みがなを 書きましょう。　一つ6〔42点〕

(1) 日曜日（　　）
(2) 午前（　　）と 午後（　　）。
(3) ふかい 谷（　　）。
(4) 大きな 岩（　　）。
(5) かたい 岩石（　　）。
(6) 池（　　）の 水。

2 □に あてはまる かん字を 書きましょう。　一つ7〔28点〕

(1) □（くるま）に のる。
(2) そとに □（で）る。
(3) 今日は □（やす）みだ。
(4) □（はや）おきを する。

3 □に 曜日を あらわす かん字を 書きましょう。　一つ5〔30点〕

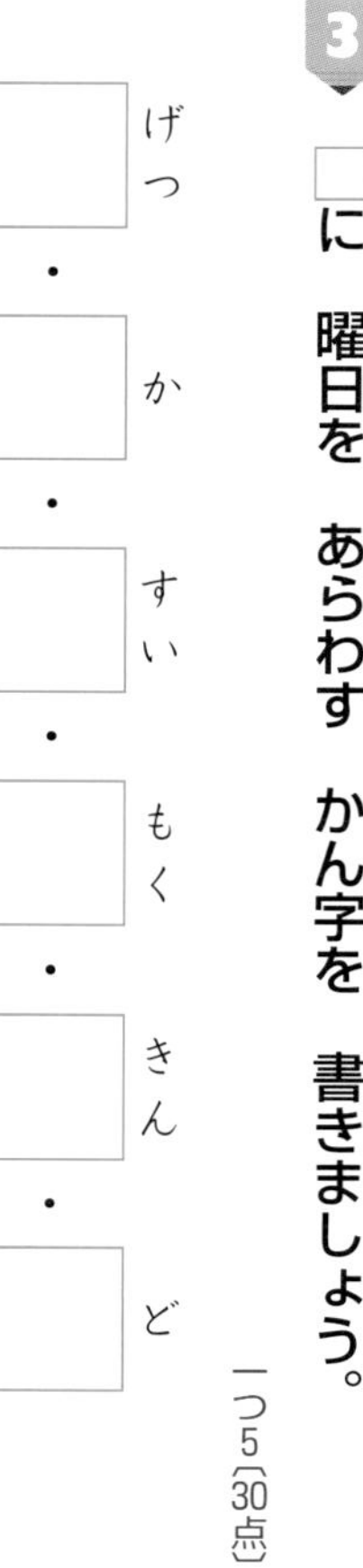

こたえは70ページ

かくにん 23
かん字を　つかおう5　人が　する　ことを　あらわす　ことば

教科書㊦63〜65ページ

月　日

10分　／100点

1 □に　あてはまる　かん字を　書きましょう。　一つ10〔50点〕

(1) □□□（どようび）

(2) □（たに）を　見下ろす。

(3) □（いわ）が　くだける。

(4) 大きな　□□（がんせき）。

(5) □（いけ）の　まわり。

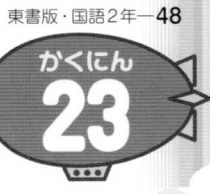

2 □に　時間を　あらわす　かん字を　書きましょう。　一つ10〔30点〕

(1) □□（ごぜん）

(2) □□（しょうご）

(3) □□（ごご）

3 つぎの　絵に　合う　ことばを　□　から　えらんで、書きましょう。　一つ5〔20点〕

(1) わたしは、犬を（　　）。

(2) わたしは、犬に　えさを（　　）。

(3) 犬は、わたしの　ところに（　　）。

(4) 犬は、わたしから　えさを（　　）。

もらう　やる　はしる　よぶ

こたえは70ページ

きほん 24

教科書㊦70〜77ページ

かん字を　つかおう6
むかしから　つたわる　言い方

月　日

10分　／100点

1 ——の　かん字の　読みがなを　書きましょう。　一つ9〔54点〕

(1) 鳥が　とぶ。（　　）

(2) 馬が　走る。（　　）

(3) 首を　かしげる。（　　）

(4) そうじ当番（　　）

(5) 図画工作（　　）

(6) 一回ずつ　つかう。（　　）

2 つぎの　ことばの　いみを　ア〜エから　えらんで、記ごうで　こたえましょう。　一つ9〔36点〕

(1) 十二支（し）（　　）

(2) 小（しょう）の　月（　　）

(3) きょう土かるた（　　）

(4) いろは歌（　　）

ア　地いきに　つたわる　行事（じ）や　場しょなどを　もとに　した　かるた。

イ　ひと月が　三十一日より　みじかい　月。

ウ　年を　あらわす　十二しゅるいの　どうぶつ。

エ　ひらがな　四十七字を　一回ずつ　つかった　歌。

3 □に　数を　あらわす　かん字を　書きましょう。　一つ5〔10点〕

(1) □（きゅう）本

(2) □（ご）台

こたえは71ページ

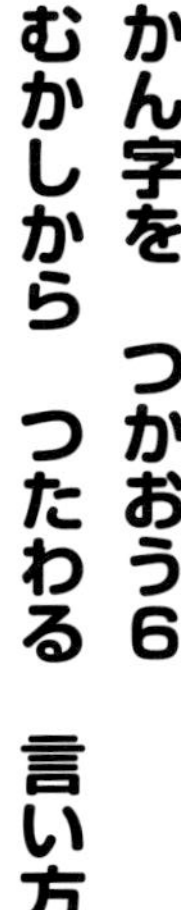

かん字を　つかおう6
むかしから　つたわる　言い方

教科書㊦70～77ページ

月　日

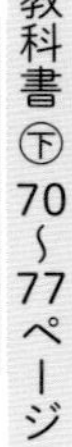

10分

／100点

1 □に　あてはまる　かん字を　書きましょう。　一つ11〔22点〕

(1) じゅん□(ばん)を　まもる。

(2) □□□□(ずがこうさく)

2 □に　あてはまる　同じ　なかまの　かん字を　書きましょう。　一つ8〔48点〕

(1) 体の　ぶぶん　□(かお)・□(あたま)・□(くび)

(2) 生きもの　□(とり)・□(うま)・□(うし)

3 （　）に　あてはまる　ことばを　ア～オから　えらんで、記ごうで　答えましょう。　一つ6〔30点〕

(5)　(1)　うし

とら　いぬ

(4)　(2)

さる　たつ

ひつじ　うま　(3)

(1)（　）　(2)（　）

(3)（　）　(4)（　）

(5)（　）

ア　み　　イ　い

ウ　う　　エ　ね

オ　とり

こたえは71ページ

教科書 ㊦ 78〜79ページ

かん字の　読み方と　おくりがな

月　　日

／100点

1 ――の　かん字の　読みがなを　書きましょう。　一つ7〔70点〕

(1) 後に　つづける。

(2) へやの　外。

(3) 電車に　のる。

(4) 細い　えだ。

(5) 細かい　もよう。

(6) へやの　明かり。

(7) 正体を　明かす。

(8) 水田の　なえ。

(9) となりの　国。

(10) 角を　まがる。

2 ――の　かん字の、三つの　読み方を　書きましょう。　一つ5〔30点〕

(1)
① 下がる
② 下る
③ 下ろす

(2)
① 金魚すくい
② 魚を　つる。
③ 魚市場

こたえは71ページ

教科書 ㊦ 78～79ページ

かん字の　読み方と　おくりがな

月　日

10分　／100点

1 □に　あてはまる　かん字を　書きましょう。　一つ9〔36点〕

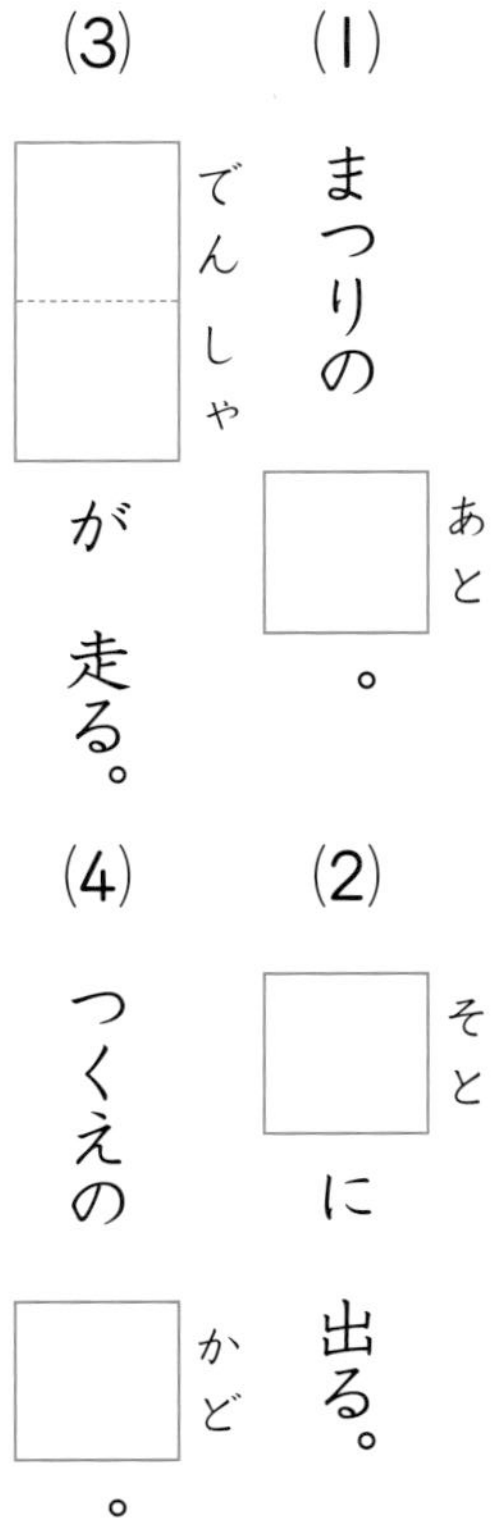

(1) まつりの □(あと)。

(2) □(そと) に　出る。

(3) □□(でんしゃ) が　走る。

(4) つくえの □(かど)。

2 □に、同じ　ところの　ある　かん字を　書きましょう。　一つ7〔28点〕

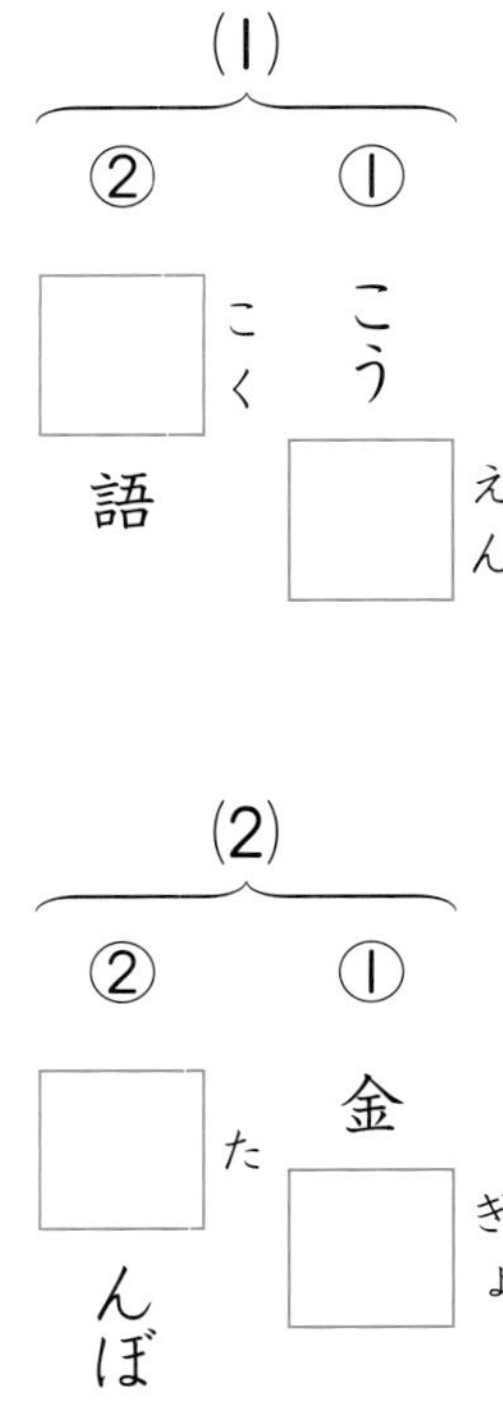

(1) ① こう□(えん)　② □(こく)語

(2) ① 金□(ぎょ)　② □(た)んぼ

3 ――の　ことばを　おくりがなに　気をつけて　かん字で　書きましょう。　一つ9〔36点〕

(1) ほそい　糸。（　　）

(2) こまかい　あみ。（　　）

(3) 夜が　あける。（　　）

(4) あかるい　へや。（　　）

こたえは71ページ

きほん 26

教科書 ㊦ 80～91ページ

あなの　やくわり　かん字を　つかおう7

月　　日

10分　／100点

1 ──の　かん字の　読みがなを　書きましょう。　一つ7〔84点〕

(1) えんぴつの　先。（　　）

(2) 空気の　通り道。（　　）（　　）

(3) 汽車が　走る。（　　）

(4) 木刀を　ふる。（　　）

(5) 刀を　ぬく。（　　）

(6) 弓と　矢。（　　）（　　）

(7) 直線を　引く。（　　）

(8) 山里の　寺。（　　）（　　）

(9) 黒い　ねこ。（　　）

(10) 黒ばんに　書く。（　　）

2 □に　あてはまる　かん字を　書きましょう。　一つ4〔16点〕

(1) 大きな　□(まち)。

(2) □(もり)の　どうぶつ。

(3) 後ろに　□(た)つ。

(4) しずかな　□(むら)。

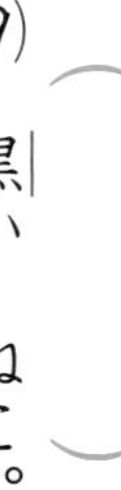

こたえは71ページ

あなの　やくわり
かん字を　つかおう7

教科書 ㊦ 80～91ページ

月　日

／100点　10分

1 □に　あてはまる　かん字を　書きましょう。　一つ8〔48点〕

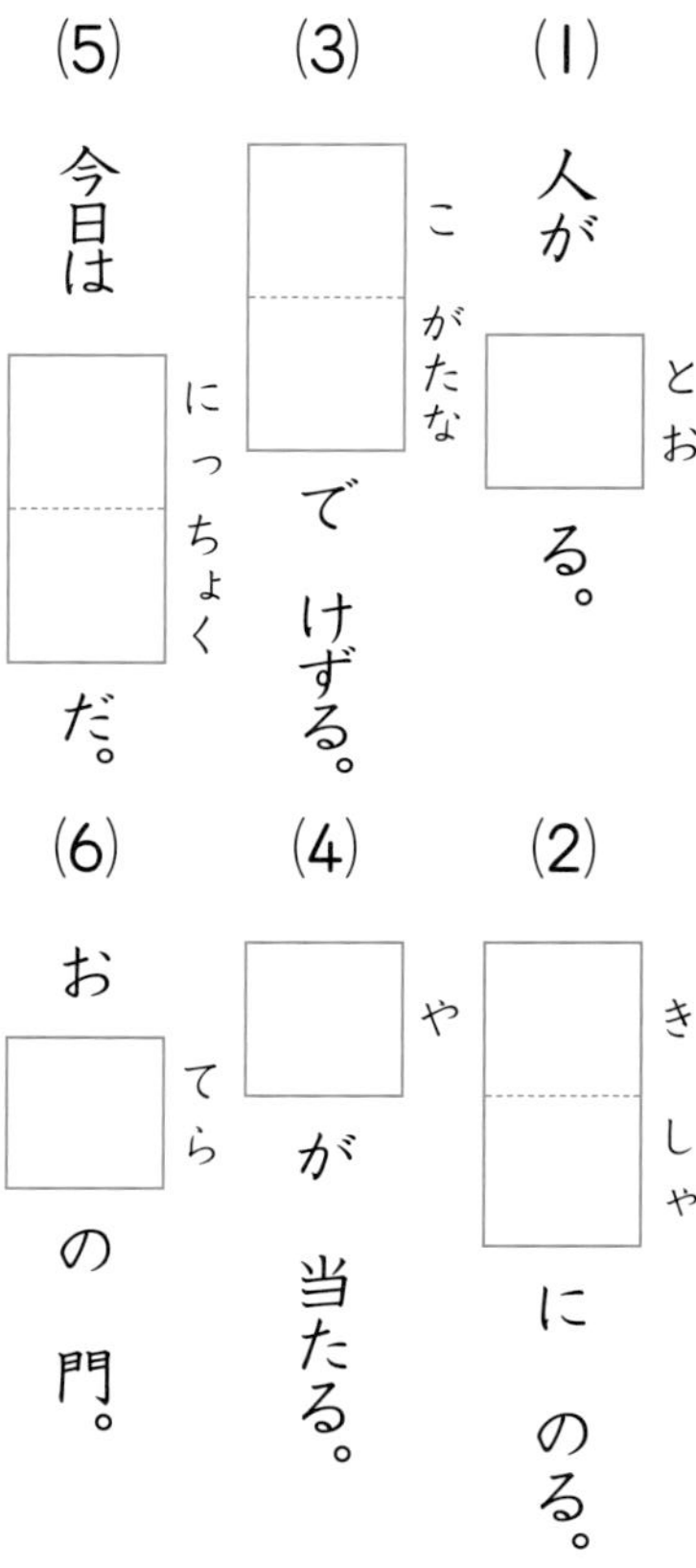

(1) 人が □(とお) る。

(2) □□(きしゃ) に　のる。

(3) □□(こがたな) で　けずる。

(4) □(や) が　当たる。

(5) 今日は □□(にっちょく) だ。

(6) お □(てら) の　門。

2 □に、同じ　ところの　ある　かん字を　書きましょう。　一つ7〔28点〕

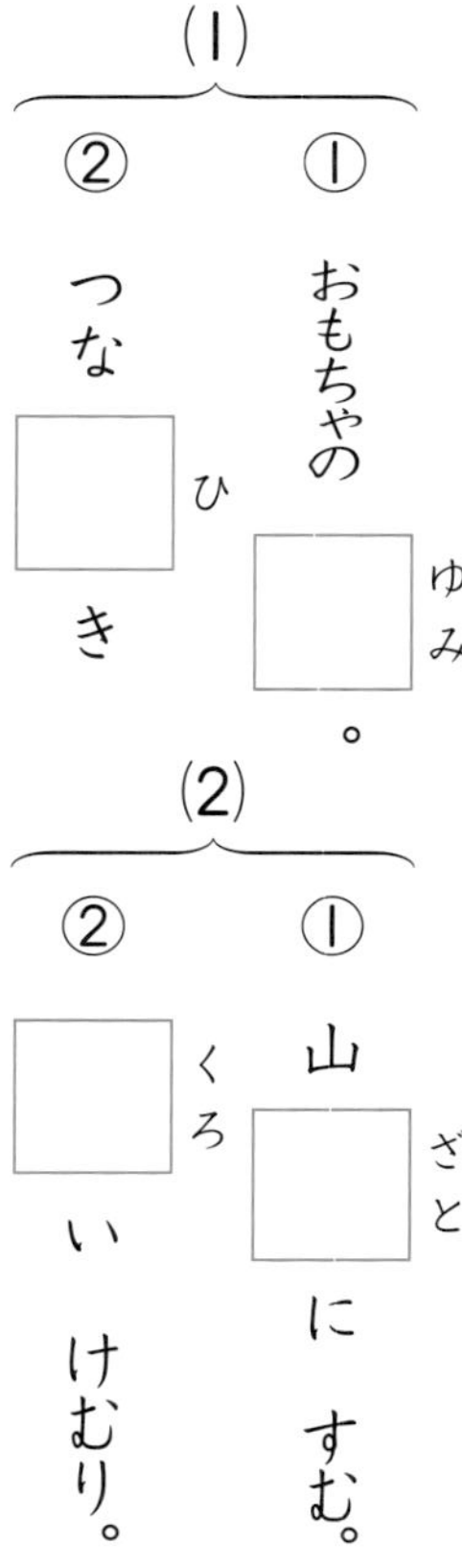

(1)
① おもちゃの □(ゆみ)。
② つな □(ひ) き

(2)
① 山 □(ざと) に　すむ。
② □(くろ) い　けむり。

3 つぎの　ことばに　合う　ものを　下から　えらんで、——で　むすびましょう。　一つ6〔24点〕

(1) プラグを　・　　・ア　くさる。

(2) 水が　下に　・　　・イ　さしこむ。

(3) 木の　ねが　・　　・ウ　あける。

(4) 二つ　あなを・　　・エ　たまる。

こたえは71ページ

はんたいの　いみの　ことば　(1)

教科書㊦92～93ページ

月　日

10分　／100点

1 ――の　かん字の　読みがなを　書きましょう。　一つ8〔88点〕

(1) あつさに　弱い。（　　）
(2) 強弱を　つける。（　　）
(3) えきまで　遠い。（　　）
(4) 遠近の　ちがい。（　　）
(5) 今年の　もくひょう。（　　）
(6) 台風が　来る。（　　）
(7) 古い　本。（　　）
(8) 時計を　見る。（　　）
(9) 半分に　切る。（　　）
(10) 公園で　あそぶ。（　　）
(11) 一組の　トランプ。（　　）

2 つぎの　ことばの、はんたいの　いみを　あらわす　ことばを　下から　えらんで、――で　むすびましょう。　一つ3〔12点〕

(1) 多い　・　　・　ア　小さい
(2) 上げる　・　　・　イ　古い
(3) 大きい　・　　・　ウ　下げる
(4) 新しい　・　　・　エ　少ない

こたえは71ページ

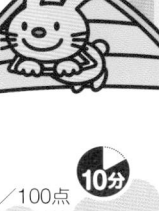

かくにん 27

教科書㊦92〜93ページ

はんたいの いみの ことば (1)

月　日

10分　／100点

1 □に あてはまる かん字を 書きましょう。 一つ10〔70点〕

(1) □(よわ)い 雨。

(2) □(とお)くの 山。

(3) □□(たいふう)の ひがい。

(4) □(ふる)い かばん。

(5) □□(はんぶん)の 大きさ。

(6) 広い □□(こうえん)。

(7) 同じ □(くみ)。

2 ――の はんたいの いみの ことばと なるように、○に あてはまる ひらがなを 書きましょう。 一つ6〔30点〕

(1) へやが あかるい。 ⟷ ○○○

(2) みじかい ひも。 ⟷ ○○○

(3) にわが 広い。 ⟷ ○○○

(4) ふとい 木。 ⟷ ○○○

(5) ねだんが 高い。 ⟷ ○○○

こたえは71ページ

きほん 28

教科書㊦92～95ページ

はんたいの　いみの　ことば　(2)
同じ　ところ、ちがう　ところ

月　日

10分　／100点

1　――の　かん字の　読みがなを　書きましょう。　一つ10〔50点〕

(1)　左右を　たしかめる。（　　）

(2)　ものを　売買する。（　　）

(3)　絵が　下手だ。（　　）

(4)　川の　上手と　下手。（　　）（　　）

2　トマトと　みかんの、同じ　ところと　ちがう　ところを　ひょうに　せいりします。(1)から　(5)に　あてはまる　ことばを　ア～キから　えらんで、記ごうで　答えましょう。　一つ10〔50点〕

(1)（　　）　(2)（　　）

(3)（　　）　(4)（　　）

(5)（　　）

ア　ほそ長い

イ　赤色

ウ　丸い

エ　サラダなど

オ　白色

カ　おやつなど

キ　オレンジ色

	トマト	みかん
色	(1)	(2)
形	丸い	(3)
おもな食べ方	(4) ジュース	(5) ジュース

こたえは72ページ

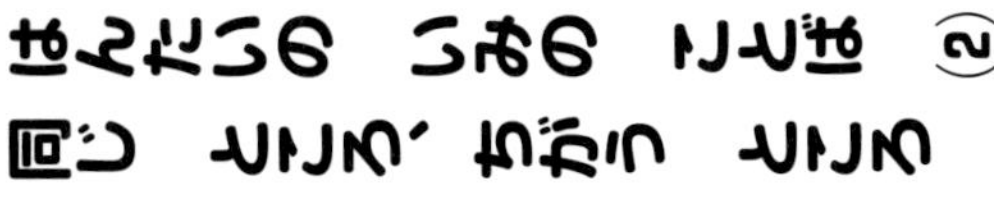

はんたいの いみの ことば (2)
同じ ところ、ちがう ところ

教科書㊦92〜95ページ

月　日

10分　／100点

1 □に あてはまる かん字を 書きましょう。　一つ8〔32点〕

(1) □□(さゆう)を 見る。

(2) ものの □□(ばいばい)。

(3) □□(かわかみ)と □□(かわしも)。

2 □に はんたいの いみの かん字を 書きましょう。　一つ7〔56点〕

(1)
① 家を □(で)る。
② 家に □(はい)る。

(2)
① 数が □(おお)い。
② 数が □(すく)ない。

(3)
① 家の □(まえ)。
② れつの □(うし)ろ。

(4)
① □(おお)きな 犬。
② □(ちい)さな 犬。

3 ——の かん字の とくべつな 読み方を 書きましょう。　一つ6〔12点〕

妹は 絵は 上手だが、字は 下手だ。
（　　）（　　）

こたえは72ページ

教科書 ㊦ 96〜109ページ

くらべて　つたえよう
声に　出して　みよう
たからものを　しょうかいしよう

月　　日

／100点

1 ——の　かん字の　読みがなを　書きましょう。　一つ11〔44点〕

(1) 学校で　学ぶ。（　　）

(2) 本を　せい理する。（　　）

(3) 画用紙を　切る。（　　）

(4) どうぶつの　角。（　　）

2 ——の　かん字の　とくべつな　読み方を　書きましょう。　一つ11〔44点〕

(1) 明日（　　）

(2) 今朝（　　）

(3) 川原（　　）

(4) 七夕（　　）

3 つぎの　文の　——の　ことばに　合う　絵の　方に、○を　つけましょう。〔12点〕

川に　かかる　はしを　歩いて　わたる。

ア（　）

イ（　）

こたえは72ページ

かくにん 29

くらべて　つたえよう
声に　出して　みよう
たからものを　しょうかいしよう

教科書㊦96～109ページ

月　日

10分　／100点

1 □に　あてはまる　かん字を　書きましょう。　一つ10〔40点〕

(1) 本で　□(まな)　ぶ。

(2) せい　□(り)　せいとん

(3) □□□(がようし)

(4) 牛の　□(つの)　。

2 (　)に　あてはまる　ことばを、□から　えらんで　書きましょう。　一つ15〔30点〕

・みの回りに　ある　ものに　ついて　せつ明する　ときは、(　　　)、同じ　やくわりの　ものを　二つ　さがします。(　　　)、二つの　ものを　くらべます。

つぎに　　しかし　　まず

3 自分の　すきな　ことを　しょうかいします。組み立ての　じゅんに、(　)に　あてはまる　ものを　ア～ウから　えらんで、記ごうで　答えましょう。　一つ10〔30点〕

(1) はじめ(　　)　(2) 中(　　)　(3) おわり(　　)

ア　なぜ　すきなのかと　いう　りゆうや　思い出を　話す。

イ　これから　どう　したいかなど　すきな　ことへの　気もちを　話す。

ウ　すきな　ことは　何かを　話す。

こたえは72ページ

きほん 30

教科書 ㊦ 114～131ページ

月　日

10分　／100点

お手紙
かん字を　つかおう8

1 ――の　かん字の　読みがなを　書きましょう。　一つ9〔72点〕

(1) 毎日（　）　晴れる（　）。

(2) 家（　）へ　帰る（　）。

(3) 二人は　親友（　）だ。

(4) 鳥の　羽（　）。

(5) 東京（　）に　行く。

(6) 麦茶（　）を　のむ。

(7) 作文を　書き直す（　）。

(8) 交通（　）あんぜん

2 □に　あてはまる　かん字を　書きましょう。　一つ4〔28点〕

(1) □□（てんき）が　よい。

(2) □（しろ）い　雲。

(3) 強い　□（あめ）。

(4) きれいな　□□（あおぞら）。

(5) □□（ゆうひ）が　しずむ。

(6) □（あか）い　花。

(7) たなの　□（うえ）。

こたえは72ページ

教科書㊦114～131ページ

お手紙
かん字を つかおう8

月　日

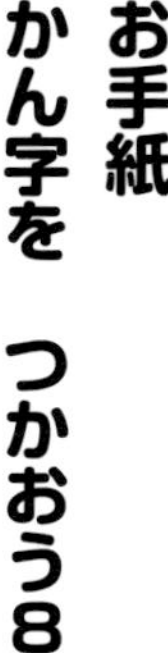

10分　／100点

1 □に あてはまる かん字を 書きましょう。 一つ9〔36点〕

(1) □□（まいにち） あそぶ。

(2) 先に □（かえ）る。

(3) すずめの □（はね）。

(4) □□（とうきょう）の 友だち。

2 □に、同じ ところの ある かん字を 書きましょう。 一つ7〔28点〕

(1) ① 小□（むぎ）　② □（なつ）休み

(2) ① 作□（ぶん）　② □（こう）さ点

3 （　）に あてはまる ことばを、□から えらんで 書きましょう。 一つ12〔36点〕

(1) どうして 学校を 休んだか、（　　）を 話す。

(2) 休んだのは、かぜを ひいた（　　）だ。

(3) かぜで ねつが 出た（　　）が ある。

こと　わけ　ため

こたえは72ページ

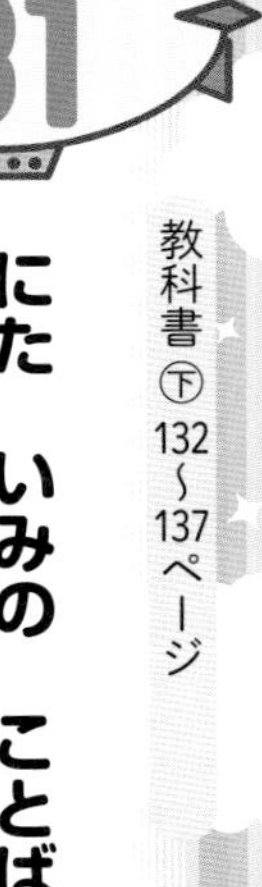

教科書㊦132〜137ページ

にた いみの ことば ことばの アルバム

月　日

／100点

1 ――の かん字の 読みがなを 書きましょう。　一つ10〔70点〕

(1) 今夜は 晴れだ。（　）（　）
(2) 星が 見える。（　）（　）
(3) 雪原を ながめる。（　）
(4) 風船を ふくらます。（　）
(5) 朝食は パンだ。（　）
(6) 昼食の 時間。（　）
(7) 五色の クレヨン。（　）

2 ――の かん字の、二通りの 読み方を 書きましょう。　一つ5〔10点〕

(1) しずかな 夜。（　）
(2) 夜空を 見上げる。（　）

3 つぎの ことばと にた いみの ことばを 下から えらんで、――で むすびましょう。　一つ4〔20点〕

(1) おどろく ・　　・ ア いそいで
(2) たくさん ・　　・ イ じゅんび
(3) ながめる ・　　・ ウ いっぱい
(4) したく ・　　・ エ びっくりする
(5) すぐに ・　　・ オ 見る

こたえは72ページ

教科書 ㊦ 132〜137ページ

にた いみの ことば ことばの アルバム

月　日

10分　／100点

1 □に あてはまる かん字を 書きましょう。 一つ11〔44点〕

(1) □□(こんや)は 雨だ。

(2) きれいな □□(ほしぞら)。

(3) まっ白な □□(せつげん)。

(4) □□(ふうせん)を とばす。

2 □に 同じ 読み方の かん字を 書きましょう。 一つ10〔20点〕

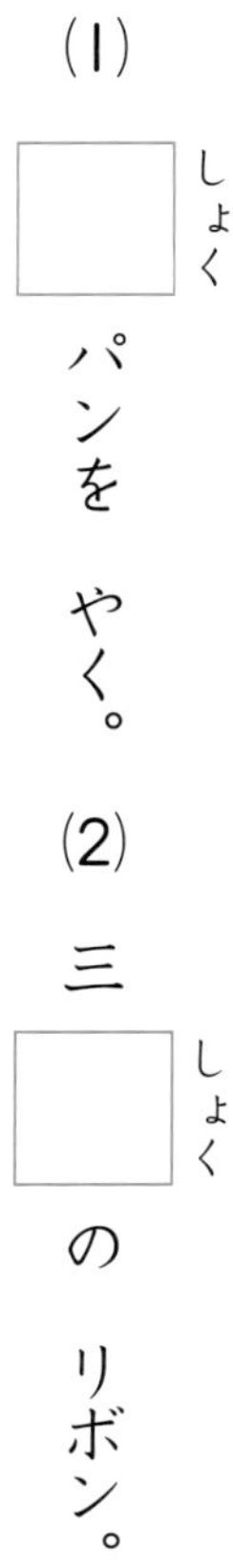

(1) □(しょく)パンを やく。

(2) 三□(しょく)の リボン。

3 「はじめ」「中」「おわり」の じゅんじょに なるように（　）に 1〜3の 番ごうを 書きましょう。 一つ12〔36点〕

・一年間で 心に のこった できごとを 書きます。

（　）一年生の ときは とべませんでしたが、たくさん れんしゅうを して、とべるように なりました。

（　）わたしは 二年生で とびばこを がんばりました。

（　）三年生に なっても たくさんの ことを がんばりたいです。

こたえは72ページ

こたえ

1　3・4ページ

1
(1)かぜ　(2)げんき　(3)よ
(4)い　(5)こ　(6)ひか　(7)はなし
(8)はな　(9)おんどく　(10)まる
(11)こえ

2
(1)イ　(2)ウ　(3)ア

★★★

1
(1)風　(2)元気　(3)読　(4)言
(5)木　(6)光　(7)話　(8)音読
(9)丸　(10)声

2
(1)イ　(2)エ　(3)ウ　(4)ア

2　5・6ページ

1
(1)か　(2)ちゅう　(3)じゅう
(4)あ　(5)あ　(6)ひかり
(7)にっこう　(8)お　(9)じょうげ
(10)のぼ

2
(1)草　(2)竹　(3)糸　(4)石
(5)虫　(6)音

★★★

1
(1)花　(2)虫　(3)日光　(4)上下

2
(1)①空　②空　(2)①上　②上
(3)①入　②入　(4)①中　②中
(5)①出　②出

3　7・8ページ

1
(1)い　(2)わ　(3)き
(4)か・かた　(5)つく
(6)てん・せん　(7)かく・かず
(8)かくすう　(9)どくしょ　(10)き
(11)なに　(12)なん　(13)かんが

2
(1)右　(2)左　(3)耳　(4)水

★★★

1
(1)行　(2)分　(3)記　(4)書
(5)作　(6)点線　(7)画数　(8)聞
(9)何　(10)考

2
(1)ア　(2)イ　(3)ウ

4 9・10ページ

1
(1)よる・あいだ　(2)かぞ
(3)おお　(4)すく　(5)げ　(6)あ
(7)じかん　(8)とき　(9)せいかつか

2
(1)たる　(2)てる

3
（右から）2・1

★★★

1
(1)夜　(2)間　(3)多　(4)少
(5)毛　(6)当　(7)時間　(8)生活科

2
(1)ウ　(2)イ　(3)ア

5 11・12ページ

1
(1)く　(2)らい　(3)もじ（もんじ）
(4)しょうがつ　(5)せいもん
(6)じょし・だんし　(7)にんげん

2
(1)こ　(2)き

3
(1)学校　(2)二年生　(3)先生
(4)名

★★★

1
(1)来　(2)来月　(3)文字
(4)正門　(5)男女

2
(1)あいだ　(2)かん　(3)げん

3
(1)①子　②子　(2)①正　②正

6 13・14ページ

1
(1)まわ　(2)たか　(3)きいろ
(4)がいこく・ちめい　(5)なまえ
(6)ひとり　(7)ふたり・おとな

2
(1)ガラス　(2)コップ
(3)サッカー　(4)エジプト
(5)ギシギシ　(6)ロンドン
(7)バシャバシャ　(8)アンデルセン

★★★

1
(1)回　(2)高　(3)黄色
(4)外国　(5)地名　(6)名前

2
(1)ア　(2)イ

3
(1)トントン　(2)ニューヨーク
(3)スプーン

7 15・16ページ

1
(1)のはら　(2)ほう　(3)あたま
(4)こた　(5)ほんとう　(6)うし
(7)みお

2
(1)ウ　(2)ア　(3)イ
(4)オ　(5)エ

★★★

1
(1)野原　(2)方　(3)頭
(4)答　(5)当　(6)牛

2
(1)ア　(2)イ

3
(1)イ　(2)ア　(3)エ　(4)ウ

8　17・18ページ

1 (1)ま　(2)げ　(3)くうき
(4)ふう　(5)もと　(6)ば
(7)あ　(8)おも

2 (1)ウ　(2)ア　(3)イ

3 ア

★★★

1 (1)間　(2)風　(3)元　(4)場
(5)会　(6)思

2 (1)気　(2)空気

3 (1)イ　(2)ア

9　19・20ページ

1 (1)いま　(2)かいしゃ・けんがく
(3)おや　(4)した・とも
(5)きゅうじつ　(6)あか
(7)めい　(8)めいげん　(9)ごと
(10)けいさん　(11)なま

2 (1)右手　(2)左足　(3)貝
(4)カ　(5)耳

★★★

1 (1)今　(2)会社　(3)友
(4)計算　(5)生

2 (1)①見　②親　(2)①日　②明

3 (1)言　(2)言

10　21・22ページ

1 (1)く　(2)いえ　(3)じぶん
(4)ぎょう　(5)こころ　(6)おし
(7)おそ

2 (1)まず　(2)つぎに　(3)さいごに

★★★

1 (1)組　(2)家　(3)自分
(4)行　(5)心　(6)教

2 (1)イ　(2)ア　(3)ウ

3

あさ、ゆきさんに、

「おはよう。」

と言いました。

11　23・24ページ

1 (1)えん　(2)し　(3)からだ
(4)なが　(5)ふと
(6)そうげん（くさはら）
(7)しんりん　(8)さ　(9)にく
(10)おな

2 (1)イ　(2)エ　(3)ア　(4)ウ

★★★

1 (1)園　(2)知　(3)体　(4)長
(5)太　(6)草原　(7)森林
(8)下　(9)肉　(10)同

2 （じゅんじょなし）(1)ア・イ・オ
(2)ウ・エ・カ

12　25・26ページ

1 (1)あ　(2)だい　(3)たの　(4)ゆき
2 (1)ウ　(2)ア　(3)イ
3 (1)ウ　(2)イ　(3)エ　(4)ア

★★★

1 (1)合　(2)大
(3)楽　(4)雪
2 (1)ウ　(2)イ　(3)ア
3 ア

13　27・28ページ

1 (1)かお　(2)た　(3)いっしょう
(4)ある　(5)すこ　(6)きょう
(7)はし　(8)と　(9)く
(10)おとうと・いもうと　(11)た
2 (1)ウ　(2)イ

★★★

1 (1)顔　(2)食　(3)歩　(4)走
(5)止　(6)弟・妹　(7)足
2 (1)少　(2)少
3 (1)ウ　(2)ア　(3)イ

14　29・30ページ

1 (1)いちまんえん　(2)はか
(3)や　(4)たいせつ　(5)てんさい
(6)うてん　(7)あま
(8)がいこくご　(9)まるた　(10)だい
2 (1)本　(2)犬　(3)王　(4)小
(5)男・子

★★★

1 (1)計　(2)野生　(3)大切　(4)才
(5)国語　(6)三台
2 (1)①九　②丸　(2)①大　②天
3 (1)百　(2)千　(3)万

15　31・32ページ

1 (1)え　(2)ひろ　(3)ちず
2 (1)エ　(2)ウ　(3)イ　(4)ア
3 (1)ウ　(2)イ　(3)ア

★★★

1 (1)絵　(2)広　(3)地図
2 イ
3 (じゅんじょなし)
(1)校門・こくばん
(2)あさ・夕方　(3)なつ・あき

16　33・34ページ

1 (1)こう　(2)きた　(3)じ
(4)ちか　(5)うわ　(6)だいく
(7)き　(8)ひ　(9)じょうず
(10)うし

2 (1)ウ　(2)ア　(3)エ　(4)イ

★★★

1 (1)エ　(2)北　(3)近
(4)大工　(5)引　(6)後

2 (1)地　(2)地

3 ①×　②○　③×

17　35・36ページ

1 (1)かたち　(2)か　(3)ごふん
(4)よなか　(5)うち　(6)うみ
(7)かい　(8)としょ　(9)あたら
(10)つよ

2 (1)たちまち　(2)しっかりと
(3)まるで　(4)けっして

★★★

1 (1)形　(2)家　(3)夜空　(4)内
(5)海　(6)新　(7)強

2 (1)ウ　(2)イ　(3)ア

18　37・38ページ

1 (1)な　(2)くも　(3)は　(4)ふね

2 (1)ア　(2)イ

3 (1)弟が　りんごを　かじる。
(2)子犬は　とても　かわいい。
(3)あげたての　とんかつは　おいしい。
(4)えっちゃんが　にこにこと
わらった。

★★★

1 (1)鳴　(2)雲　(3)晴　(4)船

2 (1)あねが・よろこぶ
(2)ぼくは・行く

3 (1)イ　(2)ウ　(3)ア　(4)エ

19　39・40ページ

1 (1)てんちょう　(2)ふゆ
(3)あさ　(4)しゅう　(5)いちば
(6)みせ　(7)ちゃいろ　(8)はる
(9)さんかくけい

2 (1)フランス　(2)ビスケット
(3)キャラメル　(4)ワンワン

★★★

1 (1)店長　(2)冬休　(3)朝
(4)一週間　(5)市場　(6)茶
(7)春　(8)四角形

2 (1)イ　(2)ア　(3)ウ

20 41・42ページ

1 (1)なつ (2)あき (3)ひがし
(4)みなみ (5)にし (6)ちち
(7)はは (8)かあ (9)とう

2 (1)しゅんかしゅうとう・イ
(2)とうざいなんぼく・ア

★★★

1 (1)南東 (2)父 (3)母

2 (1)東・西・南・北
(2)春・夏・秋・冬

3 きのう・あさって

21 43・44ページ

1 (1)あに (2)あね (3)ひる
(4)きょうか (5)おんがく・たい
(6)きょうだい (7)にい・ねえ
(8)てがみ (9)しつ

2 (1)イ (2)ウ

★★★

1 (1)兄 (2)姉 (3)手紙 (4)教室

2 (1)朝・昼・夜 (2)音楽・体

3 (1)エ (2)ウ (3)ア

22 45・46ページ

1 (1)とし (2)う (3)か (4)はず
(5)みち (6)しん (7)こめ
(8)うた・うた (9)あまど (10)から

2 (1)ア (2)ウ

3 (1)ア (2)イ

★★★

1 (1)売 (2)買 (3)道 (4)米
(5)歌 (6)雨戸

2 イ

3 (1)エ (2)イ (3)ウ (4)ア

23 47・48ページ

1 (1)にちようび (2)ごぜん・ごご
(3)たに (4)いわ (5)がんせき
(6)いけ

2 (1)車 (2)出 (3)休 (4)早

3 月・火・水・木・金・土

★★★

1 (1)土曜日 (2)谷 (3)岩
(4)岩石 (5)池

2 (1)午前 (2)正午 (3)午後

3 (1)よぶ (2)やる (3)はしる
(4)もらう

24 49・50ページ

1 (1)とり (2)うま (3)くび
(4)とうばん (5)ずがこうさく
(6)いっかい

2 (1)ウ (2)イ (3)ア (4)エ

3 (1)九 (2)五

★★★

1 (1)番 (2)図画工作

2 (1)顔・頭・首
(2)鳥・馬・牛

3 (1)エ (2)ウ (3)ア (4)オ (5)イ

25 51・52ページ

1 (1)あと (2)そと (3)でんしゃ
(4)ほそ (5)こま (6)あ (7)あ
(8)すいでん (9)くに (10)かど

2 (1)①さ ②くだ ③お
(2)①ぎょ ②さかな ③うお (さかな)

★★★

1 (1)後 (2)外 (3)電車 (4)角

2 (1)①園 ②国 (2)①魚 ②田

3 (1)細い (2)細かい (3)明ける
(4)明るい

26 53・54ページ

1 (1)さき (2)とお (3)きしゃ
(4)ぼくとう (5)かたな
(6)ゆみ・や (7)ちょくせん
(8)やまざと・てら (9)くろ
(10)こく

2 (1)町 (2)森 (3)立 (4)村

★★★

1 (1)通 (2)汽車 (3)小刀
(4)矢 (5)日直 (6)寺

2 (1)①弓 ②引 (2)①里 ②黒

3 (1)イ (2)エ (3)ア (4)ウ

27 55・56ページ

1 (1)よわ (2)きょうじゃく
(3)とお (4)えんきん (5)ことし
(6)たいふう (7)ふる (8)とけい
(9)はんぶん (10)こうえん
(11)ひとくみ

2 (1)エ (2)ウ (3)ア (4)イ

★★★

1 (1)弱 (2)遠 (3)台風 (4)古
(5)半分 (6)公園 (7)組

2 (1)くらい (2)ながい
(3)せまい (4)ほそい (5)やすい

28 57・58ページ

1 (1)さゆう (2)ばいばい (3)へた (4)かみて・しもて

2 (1)イ (2)キ (3)ウ (4)エ (5)カ

★★★

1 (1)左右 (2)売買 (3)川上・川下

2 (1)①出 ②入 (2)①多 ②少 (3)①前 ②後 (4)①大 ②小

3 じょうず・へた

29 59・60ページ

1 (1)まな (2)り (3)がようし (4)つの

2 (1)あす (2)けさ (3)かわら (4)たなばた

3 イ

★★★

1 (1)学 (2)理 (3)画用紙 (4)角

2 まず・つぎに

3 (1)ウ (2)ア (3)イ

30 61・62ページ

1 (1)まいにち (2)かえ (3)しんゆう (4)はね (5)とうきょう (6)むぎちゃ (7)なお (8)こうつう

2 (1)天気 (2)白 (3)雨 (4)青空 (5)夕日 (6)赤 (7)上

★★★

1 (1)毎日 (2)帰 (3)羽 (4)東京

2 (1)①麦 ②夏 (2)①文 ②交

3 (1)わけ (2)ため (3)こと

31 63・64ページ

1 (1)こんや (2)ほし (3)せつげん (4)ふうせん (5)ちょうしょく (6)ちゅうしょく (7)ごしょく

2 (1)よる (2)よ

3 (1)エ (2)ウ (3)オ (4)イ (5)ア

★★★

1 (1)今夜 (2)星空 (3)雪原 (4)風船

2 (1)食 (2)色

3 (右から) 2・1・3

3 2 1 0 9 8 7 6 5 4 ＊＊DCBA